BODY
LANGUAGE

陈今夫 著

人际交往中的
肢体语言

文匯出版社

图书在版编目(CIP)数据

人际交往中的肢体语言/陈今夫著. —上海: 文汇出版社,2010.5
ISBN 978-7-80741-843-6

Ⅰ.人… Ⅱ.陈… Ⅲ.身势语—基本知识 Ⅳ.H026.3

中国版本图书馆 CIP 数据核字(2010)第 047467 号

人际交往中的肢体语言

作　　者 / 陈今夫

责任编辑 / 张　涛
封面装帧 / 陆震伟

出版发行 / 文匯出版社
上海市威海路 755 号
(邮政编码 200041)
经　　销 / 全国新华书店
照　　排 / 南京展望文化发展有限公司
印刷装订 / 启东市人民印刷有限公司
版　　次 / 2010 年 5 月第 1 版
印　　次 / 2024 年 3 月第 2 次印刷
开　　本 / 890×1240　1/32
字　　数 / 180 千
印　　张 / 8.25

ISBN 978-7-80741-843-6
定　　价 / 58.00 元

前 言

语言，对于人类来说，是其他动物所没有的一种表达自己思想意识的卓越方法。但是，人的语言并不一定都能够直率地表现出每个人的内心世界。因为一般来说，语言属于理性的表现。每一个人会由于当时所处的环境、气氛以及交谈者的不同层次、地位，而说出不同的话来，甚至是违心的话。也可能由于羞涩、内疚、尴尬……而说出和自己本心大相径庭的话来，这已是屡见不鲜了。尤其在人际关系复杂、竞争异常激烈尖锐的当代，通过嘴巴传达出来的语言，往往不能信以为真。所以人与人之间的知心交谈，人与人之间的真诚沟通，就越发变得困难了。然而，社会学家经过研究发现，人的身体几乎不懂得如何协调一致地去撒谎。

社会学家发现，人的身体的行动，本身可以发出众多的信号，这种信号能够扩大或者否定口语所表达的意思。这一门新兴的非口语沟通意识的科学，称为“行为解析学”，以身体的各种举动来反映出内心隐蔽世界的语言，就称之为“肢体语言”(body language)。

20 世纪 70 年代，美国行为学家朱利叶斯·法斯特教授(Julius Fast)所著的《肢体语言》一书在美国出版后，畅销一时，引起了学术界的极大回响。不久，该书的日译本在日本出版后，更激起了日本学者对肢体语言的研究高潮。这一“肢体语言”的新学说，不仅对心理学的研究，而且对人类文化学、精神医学、动物行为学等学说的研究都产生了深刻的影响，世界上越来越多的学者投入了对“肢体语言”的研究。

作为一门新的学说，有人会以为它高深莫测。其实不然，在我们的日常生活经验中，有一些“肢体语言”是大家都熟悉的。比如：吊起眉毛表示惊奇、紧紧握手表示信赖、轻叩双脚表示紧张，等等。然而，在“肢体语言”中，有些动作表达什么意思，却是一般人所不理解的。例如：当一个人把他（她）的手搁在你的肩上，这是表示亲近还是具有侵犯意味？一个人用他的手接触了另一个人的身体，他们会因此更亲近还是更疏远？当你的爱人用脊背对着你的时候，她是希望听你诉说还是对你表示冷淡或拒绝？

“行为解析学”这门科学为人类在互相了解方面，搭起了一座新的桥梁。懂得“肢体语言”，可使你通过举手投足之间窥视到他人心灵的深处，并可在种种人际关系中做到“知己知彼，百战不殆”。

人与人之间的关系发展到今日，已经越形复杂，越臻微妙了。为了改善人与人之间的关系，真正做到心灵沟通，我们不但要控制自己的行为，还要了解别人的行为。做得好，你的人际关系将获得成功；做得不好，你的事业将遭到惨败。因此，对于“肢体语言”的了解和学习，实在是当务之急。

本书作者在博览世界上大量有关肢体语言方面的书和多种学术论文的基础上，结合我国的民俗风情和实际情况，深入浅出地向我国读者作一些具体的介绍。希望广大读者阅读本书后，对“肢体语言”有所了解，并能通过自己的法眼去洞悉他人举手投足间的隐秘，处理好复杂的人际关系，使自己在事业等方面取得更快、更大的成功。

目录

I

肢体语言入门

无意识发出的信号

20 世纪下半叶，国际学术界产生了一门很有趣味的新兴学科，名为“肢体语言学”，又称“行为解析学”。这门新兴学科的基础，是研究身体行为所表达出的信号。

临床研究的结果告诉我们，人们身体动作所发出的信号，有时往往和他们嘴里说的话所表达的意思大相径庭，甚至截然相反。例如，有个女孩很肯定地告诉精神病医生，说她很爱她的男友，但在说这话的同时，她却微微地摇着头。其实，她的潜意识通过摇头的动作表现了出来，她在心灵深处否定了自己口头上对男友的爱。

还有一个你可能体验过的情况：当你兴致勃勃地来到公园门口，等待你的恋人，当过了约定的时间，她却迟迟未来时，你心里很可能会产生“她今天会不会失约”的不安感。如果再等几分钟还不见她的倩影，一种颓丧的焦躁感就会笼罩你的全身。那时候，你的脚一定会做出小幅度的摆动。大量调查结果表明，大多数人在等待 15 分钟后，都会出现这一动作。

这一行为，运用精神身体医学学说，可以得到十分合理的诠释。从理论上讲，当身体的某一部位受到反复的小刺激时，这种刺激就会通过中枢神经，传递到脑神经，从而起到缓和精神紧张感的作用。就全身而言，脚的部位不那么显眼，所以当我们感到焦灼、不安和紧张时，就会无意识地不停抖脚来制造反复的小刺激，以缓和头脑中的紧张感。

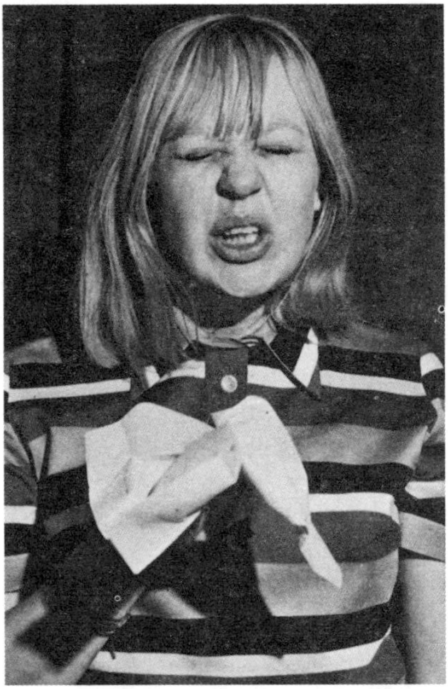

有些无意识动作会向旁观者发出信号，如打喷嚏。

考场上时常有这样的情况：有的考生握笔的那只手会频频抖动不已，而在平时，这些人并不会手脚颤抖。这一动作，同上述抖脚的动作一样，是以手部的反复小刺激，来缓和脑中因思索而产生的紧张感。

通过肢体语言，也可使我们了解到一个家庭中各个成员之间的相互关系。法斯特教授曾对此进行过极为有趣的观察：当一家人团聚的时候，坐着的母亲率先架起了二郎腿，不久，她的丈夫和子女们不约而同纷纷也架起了二郎腿。从她丈夫和子女无意识地跟着做的动作中可以看出，这位母亲在家庭中是居于领导地位的。虽然，在日常生活中，这位母亲常常征求丈夫和儿女们的意见，似乎在否定自己的领导地位，但她的肢体语言，却发出了“听从我命令”的暗示。事实也证明：这个家庭日常事务的处理往往最终都是以这位母亲的意愿去完成的。了解肢体语言的人，从这位母亲的举动中，能得到一个明确的信号：她是一家之主。

国外有些老资格的推销员,在谈到他们成功的经验时往往说,必须尽早地察觉到自己去推销产品的那个家庭中,谁是真正的一家之主。他们认为,留意腿部动作最为准确。在进行推销时,如果妻子最先架起腿,紧跟着丈夫也架腿的话,这个家可以看作是"老婆当家"。于是,他们就不把丈夫看作推销对象,而针对他妻子展开重点进攻,结果往往事半功倍。如果你是初次上女朋友家做客的小伙子,要想知道未来的丈母娘家里谁说了算,请仔细地观察她家里人的腿部动作吧。

如果你能够读懂肢体发出的语言,你就会在这无声的世界中,感到奇妙无穷。所有那些无意识的信号,在你的眼前表演着,令你目不暇接。

当人看到诱人动心事物时,瞳孔就会无意识地放大。

心理学教授海斯博士,在一次美国医学催眠学会的会议上,提出了他在肢体语言上的新发现。他说,当人们看到了诱人动心的事物时,他的瞳孔就会无意识地放大。尤其是,当一个身心健康的男人看到裸体的女人时,他的瞳孔会比平常放大两倍。同样,当一个集邮迷得到一枚梦寐以求的珍贵邮票时,当一个古董收藏家搜集到唐宋的精品时,他们的瞳孔都会比往常放大许多。在牌桌上,他说,当发现对手拿起牌来眼睛发亮的时候,就能断定他得到了一副好牌。一般人不懂得利用这个方法去了解对方,就像他并不知道自己的瞳孔已在无意中向对方泄露了秘密一样。

海斯博士把自己发现的这个原则，应用到电视台播放的广告节目中去。他请了一批观众来做试验。他让观众看许多新录制的广告，并同时把这些观众的眼部表情拍摄了下来。结果效果非常明显：凡是那些能使观众瞳孔放大的广告节目，播放后，收益都是最大的。

肢体语言包括了身体的部分或全部的动作。这些动作，是表达一个人内在世界的无声而真实的语言。但是，要了解这种无声的信号，分析家们认为，还必须注意到那人所处的文化和环境的差异。如果不熟悉肢体语言在文化上的差异，往往就会误解对方传达出来的信号。

美国人坐着架起腿的时候，习惯于呈平面的“4”字形，而我们中国人却往往是一条大腿紧压着另一条大腿。至于美国人耸肩的动作，在中国人的举动中，颇属少见。这说明，不同的地域环境，受不同的文化熏陶，在肢体语言的表现上，也不尽相同。

第二次世界大战期间，被德国盖世太保逮捕的许多美国情报员，大多数是因为他们用右手拿叉子吃东西，而没有严格训练成欧洲人用叉子吃东西的方式，因而露出马脚的。如果德国的反间谍组织多懂得一点肢体语言的差异，特别注意寻找坐着时把腿架成“4”字形的人的话，那么，落网的美国情报员起码会多出两倍。

这就产生了一个问题：是不是人类有某些动作不因地域、种族、肤色、信仰、文化、性别以及时代等不同而表示着同样或相似的意义？而其他某些动作则大相径庭或者截然不同？

具体而言，微笑是否总是表示愉快？皱眉是否始终表示不悦？摇头时就一定表示“不”？点头时就一定表示“是”呢？如果这类动作都是举世相同或相异的，那么，人类做出这种动作的能力，是后天学来的，还是先天遗传的呢？

蜜蜂通过跳弧圈舞，可以引导同伙寻到新的蜜源；蚂蚁通过触须的碰撞可以互相传递信息，这些都是遗传的本领，并不是后天学来的。那么我们人类，是不是也有世代相传的通过身体的动作来互相沟通的方法呢？

达尔文在写《人与动物感情的表达》一书前，为探讨“是否相同的表情和姿态通用于人类的各个种族”，特将这个问题写信询问世界各地的人。达尔文要求那些受过训练的观察者回答时要“经过真正的观察，而不是凭记忆”。他在信中提出了这么几个问题：

(1) 眼睛和嘴巴张大，眉毛上扬，是不是惊愕的表情？

(2) 害羞是否会引起脸红？而这种脸红将延伸到身体的什么部位？

(3) 一个人在愤慨或者向他人挑衅时，是否会皱眉头，昂首挺胸，并且紧握拳头？

(4) 一个人在深思问题或者极力想解开疑惑时，会皱起眉头或者眯起眼睛吗？

达尔文收到了36封来自世界各地的回信，从他们的答案中得知，人类在面部表情的沟通上，极为相似。因此，达尔文相信，人的脸部表情在全世界都是一致的，不会因为文化的差异而有所不同。他用物种进化的理论来解释这一现象。

劳文博士在他写的一本名叫《特征结构的机能》的书中，提出了一个非常吸引人的概念。他说人类所有神经性的问题，都可以由身体的结构和姿态显示出来。他相信，一个弯腰驼背的人，必定没有脊背挺得笔直的人那样有着强烈的自我观念，也就是说，脊背挺直的人在人与人的交往之中，往往不容易通融。舒滋博士发表的许多文章，也引证了许多有趣的说法，来形容行为语言所表白的情绪。他得出了如下的结论：“心理状态影响身体的姿势和功能。”

到了20世纪60年代，由三位美国研究者——艾克曼、福瑞森和索罗森领导一批学者做了一次广泛的研究。他们调查的地区包括新几内亚、美国、巴西、日本和婆罗洲这五个不同文化的国家和地区，他们发现“在这种不同的文化环境中，显然有些相当一致的表情存在”。

他们对这情形的唯一解释理由，就是遗传。他们引用了一个理论：假设人的大脑皮质有对外界刺激产生反应的功能，能够造成一般情况下的面部表情。这就是说，所有的人在兴高采烈的时候，大脑皮质就使嘴角翘起来，不如意时则嘴角下垂。拍打前额，吊起一边眉毛，瞪眼张嘴，深深皱眉等等所有的这些表情动作，完全要看大脑得到什么样的感觉，随后才自然而然地反映出来。

为了确保研究的精确性，这三位研究者在指导做调查时，尽可能避免在受到现代文化冲击的地区进行。凡是电影、电视、文学传播的地方，都会使当地人或多或少地受到其他民族文化的影响，因而影响到研究的可靠性。所以，研究者故意深入到与外界隔绝的孤立地区或者未开化的社会中去调查，尽力排除一切可能的干扰。

他们的调查结果令人信服地证明，在我们的遗传中，确有着某些基因是掌管生理反应的。我们人类天生就有一种不用口语而用身体动作互相沟通的本能。就如一个刚诞生的婴儿，不用人教，他就会用笑、哭以及其他种种举动，表达出自己的情绪和欲求。也正因为如此，许多肢体语言是全世界人类都能发出并接受的。所以，在无声电影时代，那些演员的无声表演能得到广大观众的赞赏。喜剧大师卓别林的表演，不管是欧洲人、美洲人、亚洲人，甚至是非洲的土著人，看了都会哈哈大笑，这不正是一个雄辩的例证吗？

但是，这并不是说，肢体语言完全是靠遗传得来的。其中有一部分的动作表达方式，完全是后天习得的。例如，世界上绝大多数民族的人以摇头表示“不”，以点头表示“是”。然而，印度人却反其道而行之，他们点头时表示“不”，而摇头却表示“是”。法斯特教授在《肢体语言》一书中，讲述了这么一个有趣的故事：

在美国的一个小镇上，住着一个名叫艾伦的少年。这天晚上，他到他的朋友泰德家去参加一个聚会。半路上，艾伦碰见一个长得非常可爱的黑发少女穿过街道走了过来，她妖娆地走在艾伦的前面。艾伦被她那种毫不掩饰的挑逗异性的走路姿势迷住了，情不自禁地跟了上去。当走到亮着红灯的十字路口时，那少女停了下来，回头顾盼了一下。艾伦觉得这是无声的诱引，于是抢上两步，跟她搭讪。

出乎意料的是，那少女非但没有应答，反而愤怒地盯了艾伦一眼，愤愤说道：“你再不走开，我要叫警察了！”绿灯一亮，那少女扭着腰肢，迅速地穿过街道扬长而去了。

艾伦面红耳赤地站在街边发愣，弄不明白这到底是怎么一回事。当他匆匆赶到泰德家，把路上遇到的事告诉他时，泰德对他哈哈大笑，说：“小子！你找错对象了！”艾伦不服气，反驳道：“可是，该死的，泰德，在我们镇上，一个女孩子如果不是故意想招蜂引蝶，她是决不会用如此妖媚的姿态走路的啊！”泰德向艾伦解释说：“我们这儿附近居住的，大多是西班牙人的后裔。无论她们的动作看起来多么招摇，可她们确实都是规规矩矩的女孩子呢！”

这就是艾伦不了解文化的差异而产生的误会。

在西班牙语系的国家里，社会规范十分严格，女孩子外出时总有人陪同，即使走起路来风情万种，也绝不会惹上麻烦的。事实上，被艾伦认为是勾引他的那种走路姿势，在西班牙人的眼里，却是司空见惯，习以为常的。如果一个少女像一般美国妇女那样直着腰板走路，反而会被他们认为不够优雅和自然。

从以上所举的一系列事实中,我们不难看出,人们的肢体语言的形成,有些是出自遗传的本能,而有些却是来自后天的学习和模仿。在任何情况下,行为语言都具有两种要素:即信号的传送和接收。如前所述,如果艾伦能正确地接受他人发出的信号,他就不会碰到那种使他面红耳赤的尴尬场面,并且完全可以避免不必要的困扰。

肢体语言的传达和接受,如果能够巧妙地加以运用,就会产生妙不可言的效果。

有一位老年妇女,原在一家大公司工作,退休后不久,她的丈夫便去世了。她居住在颇为宽敞的公寓中,她的退休金足以能让她过一个富裕幸福的晚年。她本是一个非常和蔼可亲的人,可是退休后两三年来,她的脾气却变得越来越坏,对什么都看不惯,人越来越消瘦和苍老。儿女们非常担忧,却又不知所措。

有一次,一个到家中来拜访的客人注意到了她的肢体语言。他问她有没有什么不称心的事,她笑着回答说,一切都很好。但她一边这么回答着,一边却不住地抚摸着躺在她膝上的白猫。猫儿跑掉以后,她又抚摸沙发的扶手,抚摸茶杯,抚弄着她伸手可及的每样东西。

客人看懂了她发出的这一无声的信号。她用抚摸这一肢体语言很明显地告诉对方:“我很寂寞,我向往着退休前那些紧张而又繁忙的工作。请帮助我回到以往的生活中去吧!”于是,客人设法替她联络了一个需要退休人员帮忙的地方。她再度工作后,很快又成了一个快活的老人。

法斯特教授也曾经举过类似的例子。有一个 17 岁的病人,他脸色苍白,身体瘦弱,脸上带着一股好奇和不寻常的气质,看上去仿佛还是个小孩子。他的衣着既随便又肮脏。他坐在那里时,双臂交叉，神不守舍，整个身姿是懒散的。半年多来，他每个星期都要到一位心理医生那里去接受治疗。

这一天，停诊的时间到了，心理治疗医生瞄了一下手表，勉强地笑了笑，说："到此为止吧，请你明天再来。"这个少年却耸耸肩站起来说："什么明天？你不必为明天操心劳神了。我可不见得能安然度过今晚。我是一个没有明天的人。"医生站在门口对他说："唐，别来这一套。过去6个月来，你还不是每个星期都嘟囔着要自杀吗？别说傻话了。"

这个少年阴郁地看了医生一眼，一言不发地离去了。医生站在那里有点不自在地望着门口。唐是他今天最后的一个病人。他结束了一天工作，本该有松一口气的感觉才对啊，可是他却感到不舒服。心里有某种意识困扰着他，而且越来越严重。他总想着那少年临走时的话，可那男孩从前也说过要自杀，并且说过很多次，为什么从前就没有今天这样的异常感觉呢？医生不由自主地仔细回想着一小时前那少年的一举一动。今天，他的情绪多么消沉呀，走动时那种动作又多么局促，还有那深深流露出的某种无能为力的目光。医生觉得这次和以往不同：这男孩子可能真的要自杀了！

医生确信自己在给那少年诊治时，对方有某种信号传递给了他，他必须相信这种无声的信号，尽管他并不十分清楚这信号是如何发出的，又表示着什么。于是，医生赶紧赶到了那少年的家中，果然不错，那少年把自己反锁在房间里，并从家里的药箱中偷偷拿了一瓶足以致命的药丸。幸亏医生到得及时，少年的父母用催吐剂清洗了他的肠胃，才免去这一不幸。后来，医生的妻子问他："你怎么会想到必须当机立断地赶到那少年家里去的呢？"

医生说："我也不知道。并不是因为他说要自杀，而是我感觉到好像有什么在向我尖叫，使我相信他这次真的要自杀。我只知道他给了我信号，可是我却不知道他是怎样给的。也许是他的脸色和眼神，或者是他的手势传达的。要不便是他那严肃的神情。我曾说了一个很好笑的笑话，他居然无动于衷，没有笑。他可以不开口，但他的种种姿态都在流露着，这一次他是动真格的了。"

法斯特教授所讲的这件事发生在40多年前。要是发生在今日，欧美的绝大多数心理治疗医生不但能准确地接受类似的信号，而且还能清晰地知道信号发送的方式。没有表情的脸，懒散的举动，交叉着的手，它们所表达的意思，和语言一样明确。这个少年就是用肢体语言这一心声告诉医生，他下决心真要去死了。

用身体的姿态倾诉的心声，往往比口头的语言更为彻底和准确。一个高明的预审员，面对形形色色的犯罪分子，他能从他们的姿态、神情等一系列细微的动作上，看出他们心底的一切：是想顽抗，还是顾虑重重？是在撒谎，还是确有难言之隐？然后，针对罪犯的不同心理，采取不同的审讯方法，总是能够奏效的。日本学者石川弘义认为，震惊日本朝野的洛克希德事件中被告在法庭上的表现，就是一个证明肢体语言的最好的标本。

当小佐野贤治以被告的身份出现在法庭上时，电视台的摄像机就一刻也不停地对准了他，把他从头到尾的种种表现，都忠实地摄入了镜头。在所有这些镜头中，最令石川弘义教授感到兴趣盎然的是，被告小佐野贤治身体外表上的一系列变化。

在刚出庭时，被告威严的外表流露出目空一切的傲慢态度，他挺胸昂然地从一大群记者面前走过。然而，经过法庭调查、对质、辩论以后，在退庭时，他像被抽掉了脊椎骨一样，整个人瘫软了下来。那副垂头丧气的样子,简直使人不敢相信他就是特大型企业联盟的大总裁。他跟出庭时判若两人,无力地垂下了厚实的肩膀,低低地勾着头,紧缩着下巴,一副沮丧的神色。那种姿态,和一个拥有极大权力和财富的实力者的神气,相差十万八千里。他面对把法院挤得水泄不通、争睹他本来面目的人们,始终默然无语。不过,他的行为所表现出来的模样,已经说出了他那难以启齿的隐私,这是比任何语言都更有力量的无声的语言,它毫无保留地说出了被告的内心世界。摄像机所拍下来的镜头,正是肢体语言的传神之作。

肢体语言的研究结果以及实际的经验证明,根据时间与场合的不同,利用身体姿态产生的情感传达,比语言的情感传达具有更重要的意义。然而,肢体语言的研究,现在尚属于学术界的一门崭新的理论,它涉及文化人类学、心理学、精神医学、动物行为学等多种学科,其演变和发展甚为复杂。为了易于用浅显易懂的文字来扼要论述,经过对学理上的问题加以整理,大致将其归纳为以下三项理论。

第一项通称为"身体行动学"。一言以蔽之,就是说,人类的感情或欲求,在无意识之中,形成身体的变化而表现出来。第二项理论就是"人类领域学"。它脱胎于动物行为学,主要在于说明人人都具有肉眼所没有觉察到的各自的势力范围。第三项理论,就是心理学和动物行为学中所称的"自我亲密性"的问题。简而言之,就是说,任何人都有与他人接触的欲求。如果这一欲求遭受抑制,那么取而代之的,是形成自身与自身接触的现象。

在下面的章节里,将列举大量的生活中所常见的例子来阐明肢体语言学的这三个主要理论。

从动物的领域感说起

先讲一个真实的故事。

麦克是个性情温顺，见到陌生人就会脸红的小伙子。他是出租车司机。有一天，他在机场接了一个乘客，驱车驶往市区。这时，有一辆车从后面赶上来，打算超车。麦克顿时性起，猛踩油门加快了车速。于是，两辆轿车在马路上你追我赶，越开越快。当麦克的车疾驶到一个十字路口时，一辆载重卡车从横路上窜了出来，麦克刹车不及，轰的一声，两车相撞，造成了一起惨不忍睹的悲剧。乘客当场死亡，麦克自己落下了终身残疾。

为什么温顺的麦克一旦开起车来，性情就变了呢？难道这只是极个别的例子？不，根据对车祸肇事者的调查统计，平时性情温和的，不乏其人。就拿使日本城市居民和警视厅异常头痛的飞车党来说吧，大多是一些非常普通、温顺的年轻人组成的。为什么他们一旦骑上摩托车，就立刻摇身一变而成为狂徒了呢？不难看出，性格变化的原因直接和车子有关。难道车辆本身潜藏着某种足以改变一个人的性格的因素？不错，确实存在着某种因素，这就是肢体语言学中称为“势力范围”(body zone)的因素在起着作用。

“势力范围”的概念起源于动物行为学的概念。让我们还是从动物的领域感说起吧。

动物的“势力圈”(territory)感觉十分发达。所有的动物在本能上,为了保护以自己的生殖、活动为中心的生活,都具有遵循各自势力范围的规律。一旦其他动物侵入自己的“领土”,便视若仇敌,会不顾一切地拼命把它驱赶出去。但所有这些势力范围,并没有明显的标志,并非我们的肉眼所能觉察到的。国外的大量研究证明,人也和动物一样,有“势力范围”的感觉,领域的必要性存在于所有的动物和人类的心里,经常会无意识地表现出来。

但是,“势力范围”的大小,领域感的强弱,是因人而异,因情况而异的。麦克在不开车的时候,他的领域感比较弱小,但是,一上了汽车,在无意识中汽车便成了他的身体扩展的部分,这时候,麦克的“势力范围”不仅扩大了,而且还强化了。所以,一旦有别的汽车要超车,他就产生了一种自己的领域被人侵入的感觉,为了保住自己的“势力范围”,他就忍不住要千方百计地驱除对方,于是,就产生了超速行车的行为,以致酿成大祸。

人与人之间保持一定的距离就是动物领域感的表现,若侵入他人的个人空间,就会引起紧张气氛。

那么，这种无意识的领域感，是从哪里来的呢？是遗传的，还是后天学来的？

科学家们一般认为，领域感是无数遗传物里的一个。罗伯特·安德列写过一本很吸引人的书，名叫《领域的必要性》。在这本有趣的书中，作者抓住领域感这条线索不放，从动物界一直追踪到人类世界，并且断言："人类的领域感来自遗传，并且根深蒂固而不易改变。"

根据他广泛研究的结果，认为领域的必要性，迫使动物及人类从事于掠夺，并坚守和防卫自己既得的势力范围。不过，尽管人类为取得并护卫自己的领域，必定要有一种自我驱策力，而且这股自我驱策力来自天赋的成分多。然而，我们切不能以人类的标准来衡量动物，或把动物的标准应用在人类身上，否则极容易导致错误结论。

虽然人类心里都存有一种领域必要性的意识，不管是自觉的还是不自觉的，但由于文化教养等因素的影响，有些人在这方面的需求要强些，有些人则会相对弱些。

人类需要保护部分属于自己的领域是毫无疑问的。但是需要的程度究竟如何，我们可以通过对日常生活的情况加以观察分析。每个人最为常见的领域，便是各人都拥有一个"家"。但是，随着世界人口的剧烈增长，我们感觉到属于自己的领域正在逐渐缩小和消失。大城市中，由于交通拥挤，上下班的人们像沙丁鱼一样拥挤在公共汽车或地铁中，前胸贴着后背，连手脚都无法动弹一下。那么，在这种人类的领域感被剥夺的情况下，又会产生怎样的肢体语言呢？一个人，到底需要多少空间呢？

研究肢体语言，相当重要的一点就是要弄清楚，当个人的领域空间受到威胁及破坏时，会有怎样的反应？他如何应付及防卫这种侵犯呢？是反击还是退让？

我曾经做过这样一种试验：故意侵入他人的“势力范围”。当两个朋友隔着一张桌子聊天的时候，谈着谈着，一方故意将身子隔着桌子倾向对方，同时，有意地将桌子上的烟灰缸、茶叶罐等推到靠近朋友的那半边桌子。于是，有趣的现象出现了：对方先是把身子往后仰，脊背紧紧地贴到了椅背上，竭力和桌子拉开距离。一方故意装作没有理会，再一次把烟灰缸、茶叶罐向他推近。随着一方的不断侵入，对方表现出心绪不安的神情，身子开始小幅度地摇摆起来，最后，他终于把椅子往后挪动了一下。又过了一会儿，他终于忍不住了，借着敬烟的机会，把烟灰缸又推回到了桌子的那一边。

怎么解释对方这一系列动作呢？首先，他把身子往后仰，是无声地表示“你正在侵入我的势力范围”的警戒信号，之后，继续做出摇晃身子、挪动椅子的动作，他本人虽未必意识到，其实是在发出“你再越雷池一步，我就忍无可忍了”的心理抗拒的暗示。因此，人类对自己的势力范围的感觉，表现在互相之间的空间距离上。

就拿上面那个事实来说吧，如果交谈双方不是朋友，也许受侵入的一方早就离席而去了。由于不能这么做，所以他就把身子往后仰，尽量与对方保持一定的距离。他摇晃上身，移动椅子，就是要在自己的势力范围之前，筑起一道非肉眼所能见到的心理之墙，从心理意识上扩大和对方之间的距离，以保护自己的势力范围。当这一切都不能阻挡对方的进一步侵入时，他便忍不住把烟灰缸和茶叶罐推回到了另一边，用反击来保护自己的领域。

领域界限的防卫，是肢体语言的几个重要的基本原则之一。那么，防卫我们的界限，以及承认他人的界限的程度，依什么而定呢？这就是下一节所要阐述的。

人类支配空间的方式

在学校里，老师经常会给学生们讲马克思勤奋读书的故事。故事是这样开头的：有一个读者去英国大不列颠图书馆，他借了一本书后，便找了个空位子坐了下来。图书馆的管理员走过来告诉他，这个座位是马克思先生坐的，他每天都要到图书馆来阅读，坐的总是这个座位。

这个开头曾使一个爱动脑筋的学生觉得十分奇怪：坐落在伦敦的大不列颠图书馆是世界上首屈一指的大图书馆，宽敞的阅读室里有的是空座位，一年 365 天，几乎天天来此读书的马克思，为什么总要坐同一个位置呢？他把这个疑问告诉老师，老师说："那是他的习惯。"习惯？这习惯又是怎么产生的呢？老师不耐烦了："习惯就是习惯，将来你也会有这种习惯的。"

学生感到好笑，老师分明是回答不出而在强词夺理。然而，几年后，他笑不出来了，他被老师的预言所言中。

那时他上大学一年级。每次到教室去听课的时候，就爱坐在梯形教室最高一级靠窗的第一个位置上。他也不知道，这个习惯是在什么时候形成的，也许是在他第一次走进这个教室，第一次坐在这个座位上时，就对它产生了一种特殊的感觉。有一次，他去晚了几分钟，那个座位被别人占据了，于是，他就另找了个座位坐了下来。不知为什么，整整一节课他都心不在焉，不知教授在讲台上讲了些什么。有一种失落感一直在他心中搅动。这是以往在听课时从来没有过的。这是怎么啦？当时，他根本就没有意识到，心中莫名的不安是由于那个坐惯了的座位被他人占去了的缘故。

当一家人外出，譬如到了海滩上时，他们往往会占据一块空间作为自己的临时性领地。

结婚以后，他发现，在家庭生活中，他占据了更多的固定的位置。比如说，吃饭时必定坐在餐桌的左侧，睡觉时必定睡在床的外侧近床头柜的一头，如果换了一个位置，就会觉得极不自然。至于家里那张旧式写字台，更成了他的“封疆”，不但书桌前的那把椅子妻子和女儿决不会去坐，而且摊在桌上的所有东西，都要他自己来整理放置。别人动过后，他的心中就会有一种不舒服的感觉。如果他的妻子和女儿无意中把属于她们用的小东西放到了他的书桌上，不论他当时是否在使用书桌，只要一看到就会把它们马上拿开。

注意观察旁人：每个人在不同的场合，一般都有他爱坐的位置。这是人类需要领域的表现。也许这种需要是由于天赋以及普遍性的需要，也可以是因为社会及文化的各种不同形式而造成的。一个办公室，对于工作人员来说，它是否有足够的空间，并不取决于办公室的实际面积的大小，而取决于办公桌椅如何摆设。要是工作人员坐在椅子上，往后靠时碰不到墙壁或者书橱等，而左右可以自由出入没有障碍，他就会觉得自己的空间够大了。反之，如果这间办公室的面积很大，但是他的办公桌却被安置在墙壁的夹角间，身子一转就会碰撞到墙壁或者书橱的话，他就会觉得这间办公室太狭窄了。所以，无论是房间中家具的摆设，还是办公室中桌椅的安置，都会在你的心中造成这间房子变大了或变小了的错觉。这完全是潜伏在你意识中的领域感在作祟。

事实上，以人类势力范围为中心的空间，以眼前为最大，自身的周围和背后则相应缩小。传说中，达摩禅师在少林寺后的山洞中面壁而坐，一坐就是九年。面壁而坐，一个人的视线完全被石壁所阻挡，这时候，在他的心里产生了一种非常狭小的空间的感觉，尽管他的背后是一大片的空间，但在他的心理上却似乎是不存在的。在心理的狭小空间里，正有助于产生一种特别的孤独感，使他能在心理上远离尘嚣，达到清心寡欲的效果。

目前在汽车上、在飞机上，以及在国外的长途列车上，都采用一致向前的座位，以尽量避免面面相对的座位，即基于这一原理。

美国西北大学的人类学教授爱德华·霍尔博士(Dr. Edward Hall)，很久以来就一直在研究人类对其周围空间所作的反应，以及如何利用空间，如何利用某种事实及信号，与其他的人沟通。霍尔博士在研究人类个人空间的时候，创造了一个叫做领域学(proxemics)的新名词，用来说明他的理论。

霍尔博士相信，人们如何利用空间和人际关系有关，并由它来决定亲近或疏远。他说，每个人都有个人领域的需要。现在，他试图以领域学的标准来确定人类平常所意识到的范围，他提出了一般人常用的四种不同的界限：

(1) 亲密的距离(Intimate distance)；(2) 私人的距离(Personal distance)；(3) 社交(礼貌)的距离(Social distance)；(4) 一般的距离(Public distance)。

从霍尔博士的这四种分法上可以看出，我们人类在不同的活动范围之中会互相保持不同的距离。关系越亲密，其间的距离越短；关系越疏远则距离越长。

所谓亲密的距离，就是说互相之间可以有身体上的接触。定个标准的话，就是从身体互相接触到互相间只隔开极小一个距离(0 cm—45 cm)。这种距离，通常在夫妻做爱、情侣亲热、极亲密的朋友相处或孩子依恋父母的情况下才产生。

处在极亲密的情况下，你必然会有一种受到对方压迫的感觉，因此，如果让两个成年男子处于这种距离之中，必定会使他们产生尴尬和不安。这种距离放在有亲密关系的一男一女的身上，就较为自然了。如果这对男女并没有达到亲密的程度，这种极亲密的情形就会引起难堪。比如，在舞场上，你可以邀请一个陌生的姑娘和你跳舞，她手搭着你的肩，你搂着她的腰，身体的接触使你们达到了亲密的距离。但是，你们两人心中总会产生一种不自然的感觉，尽量使互相之间的身躯相距远些，尽量错开眼光避免直接的对视。如果有一方对处在这种距离中坦然自若，那么，在她或他的心底必然已有亲密感，即已钟情于对方。

在我们的文化习惯中，允许两个女子保持极亲密的关系。但在阿拉伯国家中，则允许两个男人有这种极亲密的关系。在阿拉伯及地中海一带，常可看见两个男人手挽着手在街上散步。

在拥挤的街道、商场和公共汽车上，人们会自动地严守这些成规。如果有些人不把这当一回事而轻易地把他们的身体靠向别人，他就触犯了社交的大忌。

当你被迫与他人处在亲密的距离之间，比如在拥挤的车上，狭小的电梯里的时候，切勿盯着人看。否则，意味着你在用目光"抚摸"对方的身体。我们看一个人时要有分寸，看一眼后便应该立刻把目光移开。就像我们在街上行走时，对迎面走来的人所做的那

当你被迫与他人处在亲密距离之际，出于对自身领域的护卫或避免侵犯他人领域，应对旁人不加注意，目光接触也尽量避免。

样。这意味着你们互相在说:“对不起,我走入了你的亲密距离之中,我侵犯了你的空间。我马上离开。”然后,两人擦肩而过,相安无事。一个人如果不注意这一点,尤其是一个男人如果不把这当一回事的话,就会引来许多麻烦。

法斯特教授曾经讲了这样一件事。有一次,他和一个朋友在一幢办公大厦中同乘一部电梯。电梯开到第十四层楼的时候,又进来了一个漂亮的少女。法斯特教授的朋友上下打量着她,那个少女的脸一阵红似一阵。当电梯降到了底层大厅时,那个少女一边跨出电梯一边回过头来对法斯特教授的朋友吼着:“你没有见过女人吗?你——你这个老色鬼!”

他望着气呼呼地走出电梯的少女,不解而又狼狈地转过脸来问法斯特教授:“我做了什么啦?你告诉我,我到底做错了什么事?”他触犯了非口语沟通中最重要的规矩——这就是他做错的地方。法斯特教授告诉他说:“你错在贪看。当你和一个陌生人处于‘亲密距离’时,看一眼就应该迅速把眼光移开。”

因此,在公共汽车上,人们尽量使自己保持直立不动的姿态,以免碰到旁人的任何部位。要是不小心碰到了,他们一定会赶紧移开。这种肢体语言在告诉对方:“对不起,我无意侵犯了你的空间,只是这里太挤了,我将尽可能地尊重你,不再碰触到你。”

人与人之间交往的第二种界限,即霍尔博士所定的“私人的距离”。这种距离又被霍尔博士划分成两种范围:一、近的私人距离(45 cm—75 cm);二、远的私人距离(75 cm—120 cm)。

在近的私人距离中,你可以用自己的手搂抱到对方或者拔拳打到对方。你的妻子有资格停留在你的私人近距离界限之内,可是如果有另一个女人进入到你的近的私人距离之内的话,你的妻子便会感到不安,她会频频向你示意或者因此而醋意大发。

至于远的私人距离，霍尔博士称它为身体能支配的限度，就是说，双方伸直手臂正好能触及对方手指尖的距离。在这个距离地，你不可能轻易地和对方接触。两个人在街上不期而遇时，他们停下来聊天时，常常采取这种距离。但是，如果是在宴会上，他们之间谈话时，又会把这种距离调整为近的私人距离。

很多的肢体语言是由这种距离传达给对方的，其范围由“我和你保持一臂的距离”，到“我对你比对其他人亲密些”。当你和一个熟人是远的私人关系，向他靠得太近就会被认为是过分热情了。在两性的交往关系中，也是如此。如果你向她靠得太近了，会令人产生你自作多情的看法，同时引起对方的讨厌和鄙视。你所站的距离等于是一种声明。不过，这种表示个人内在意向的声明，也一定要与外在的举动保持一致。

社交的距离也有远近之分。近的距离在 120 cm—210 cm 间，这种距离我们通常用在处理非个人性事务的场合之中。比如，厂里业务部门的职员接待来自外单位的人，或者在家里接待前来抄电表、自来水表的供电局、自来水厂的抄表员，以及商店的营业员隔着小小的柜台接待顾客等等。

远的距离在 210 cm—360 cm 之间，通常用于较正式的社交和业务往来。例如，甲乙双方隔着谈判桌进行业务洽谈，预审员审讯罪犯，运动员隔着乒乓桌交谈等等。这种距离在发出“我看得见你，请稍为离开点”的要求。根据霍尔博士的看法，在这种距离交谈时，如果你把眼睛短暂地向对方一瞥就迅速移开目光，是不礼貌的，照规矩应该一直望着对方，表示“我正专心致志地和你交往”。不把眼睛望着对方，等于是无视对方的存在，把对方排斥在自己的交谈对象之外。

从另一方面来讲，在这种距离之下，可为你的某种行动作一定的掩护。你可以在这种距离下继续你的工作而不会显得失礼，你也可以停下来和对方交谈。在旅馆的住宿登记处，火车站、民航的售票处工作的人员就和外来者保持这种距离，因为这样便于一边做自己手中的事，一边和来者答话。

在一个家庭之中，丈夫、妻子和儿女间往往也采取这种距离。丈夫坐在书桌前看书，孩子蜷缩在沙发里看电视，妻子坐在床边打毛衣，他们各自做着自己所感兴趣的事情，但不时又互相交谈一阵。这种不受个人感情影响的礼貌的距离，往往也可以使一个家庭的气氛变得无拘无束而十分融洽。

最后，霍尔博士提出了一般的距离，这是我们领域感的最远界限。当然，它也有远、近两种范围之分。一般的距离就是一种使人既感到有势力范围的意识，而互相之间并无任何束缚的范围距离。近的一般距离在 360 cm—750 cm 间，远的一般距离在 750 cm 以上。

近的一般距离适用于非正式的聚会。例如，一个教师对一间教室内的学生讲课，一个军官对一队士兵的训话。远的距离通常用于政治家、领导人物、统帅者所到之处，例如，将军检阅他的部队，国务院总理或国家主席等视察工厂农村，国外来访的贵宾与欢迎他的群众之间，这种距离有安全防护的作用，这跟人和动物之间所保持的距离差不多，当然不包括你所喂养的猫、狗、鸽子等宠物。一般的动物只允许你跟它作这种距离的接近，你再要接近它，它就会扭头跑开。

谈到不同的物种和距离这个问题，距离和领域的界限之真正意义，往往被人危险地误解。比如夜晚下乡时，经常会碰到一群狗示威地吠叫，甚至挡在寨路中间。可是当你向它迎面走过去时，它就会退到一定的距离，或者闪到路边去；当你继续往前走时，它又会不远不近地紧跟着你，你站下它也站下，你走它就跟着，始终跟你保持一定的距离。当你走进农家的小院落，如果出现鸡飞狗跳的现象，必定是你过分地接近了它们，引起了它们惊恐不安。

法斯特教授举了一个最典型的例子来说明这一点。这就是凶猛的狮子和驯狮员之间的接触。如果驯狮人太逼近它，进入了狮子的领域的“危险”地界中，它就会退却。当它到了退无可退的地步时，就会转身反抗。

驯狮员巧妙地利用了狮子的领域感，来进行表演。他不断地向狮子逼近，狮子本能地退却。随着驯狮员的进逼，它一直退到了台上设置的与观众隔绝的铁笼边上。狮子的退路被铁栅拦住了，被迫转过头来，向着驯狮人咆哮。驯狮员却故意装作不理会狮子的这个警号，乘机拿了一张平台放在自己和狮子中间，犹如我们隔着桌子把烟灰缸推向对方一样，做进一步的侵入。于是，狮子反抗了，它转身笔直地走来，爬上平台来干涉驯狮员。这时候，驯狮员便敏捷地离开狮子领域感中的危险地界，于是，狮子不再反击，而是留在平台上，继续吼叫着发出它的警告，希望驯狮员不要再来侵犯它的领域。

观众在欣赏这个驯狮节目时，往往误以为是驯狮员手中的鞭子或棍棒使猛兽如此的听话，自动跳上了平台。

同样的道理，戏剧演员在台上的表演，由于和观众处于远距离，所以他们往往利用观众产生的“误解”，而设计自己的动作。在这种远的一般距离上，要想向观众传达真实的肢体语言，是极其困难的。在近的距离中，我们抖动眉毛，抽吸鼻子，一系列细小的动作都可以真实地传达内心的情感。但如果演员在舞台上也借助于这种细小的动作来表演，远处的观众是绝对接收不到这些信号的。演员深悟个中三昧，所以他们在舞台上的表演，往往采取夸张的、象征性的动作。有两位相声演员在一个段子中说到过，如果演员把舞台上的动作表演用到现实生活中来，别人一定会以为他是精神病患者。中国戏曲的脸谱化之所以能被广大观众所接受，正是基于这一道理。

但是，演员在电影、电视中的表演就不同了。当处于远镜头时，他们可以采用舞台上的表演手法；然而，一旦映出特写镜头时，就必须真实地使用肢体语言，一皱眉、一眨眼、一掀唇若稍有失真，便会被观众识破。所以电影和电视更容易使观众觉得亲切可信，因为表现在观众面前的肢体语言真实地流露了内心的情感，更贴近人类的现实生活。现在，现代派的舞台剧也开始有了改革，有的戏打破了台上台下的界限，把戏放到观众之间来演，增强了艺术的感染力。抗日战争时期，那幕著名的街头剧《放下你的鞭子》，就是充分利用了和观众之间的距离上的亲近感，使演出收到了非凡的效果。

然而，列举以上一些事实，并不是说不同的文化对领域距离毫无关系。应该指出，不同的文化使人们在处理空间的做法上，是有举足轻重的影响的，尤其对于身体各部位的接触来讲，尤为显著。霍尔博士特别深入地研究了文化差异和领域学的关系。

在日本，大家群集在一起表示热情、亲密、和悦；因此，霍尔博士相信，在某种情形下，日本人喜欢群居。在我们中国，在过去的年代里，多是一家几代居住在一个宅院里。日本人和中国人往往把个人的空间，扩展为集团的、家族的空间。这是东方人对空间概念的一种反应。但西方人对空间概念的看法就不同于我们东方人，他们认为空间是虚空的，就是人与人或两个物体之间的距离。

阿拉伯人和日本人一样，喜欢大伙儿聚集在一起。在自己的家中也是如此。尽管他们的房子又大又空旷，但他们却乐于聚在一隅。然而,日本人和阿拉伯人之间还是有差异。阿拉伯人喜欢靠近友伴,感受对方的体味,摒弃一个朋友的气息会被认为是一种耻辱;而日本人则不同,虽然互相间很亲近,但双方之间仍然有很严格的界限。阿拉伯人则把这种樊篱也拆除了。

阿拉伯人的这种对空间距离的观念很使美国人和欧洲人讨厌。他们会轻易地动手推开正在排队的人们,穿过队伍而行,认为这是理所当然的(当然,阿拉伯人有时也需要独处,需要有自己的天地,并受到朋友尊重)。

在对待空间距离方面,尤其是身体的接触的亲密的距离上,中国人更为拘谨。在西方,为了表示礼貌和亲热,人们会在大庭广众之中吻一个女人的手,或热烈地拥抱。但在中国,即使在最亲近的人之间,也羞于在别人面前做出身体接触的亲昵举动。尤其是在中国古老文明传统根深蒂固的地区,更是如此。丈夫在街上走,妻子往往落后几步跟在他的身后,不敢并肩而行,更谈不上手拉着手了。

但是,在日本和中国的大城市中,由于电影、电视、书籍的媒介和与外国人的广泛接触,融进了大量的西方文明。生长在这些地区的人,融合了东、西方的文化,变得较为开放,在人与人之间的空间距离的处理上,既有固有的东方习惯,亦接受了西方习惯。日本电影《狐狸的故事》的上映,就间接说明了日本人在观念上的更新。电影通过母狐狸赶走长大了的小狐狸的故事,阐明了个人领域的必要性。在如今的日本、中国的大城市中,子女结婚后往往喜欢搬离父母居住的地方,夫妻俩建立自己的小家庭。这就说明他们需要完全属于自己的空间,是个人的领域感的一种显著的表现。

两个阿拉伯人对话时,会用非常热情的目光凝视对方。如果换了美国文化的角度来看,这种目光是不适用于两个男人之间的。

中国人会把紧盯着自己的目光误看做是一种明显的挑战，“你盯着我干吗？想打架吗？”一个美国人对这种凝视的目光的最典型的反应必定是：“我不喜欢别人这样子看我，好像要我跟他发生某种私人关系似的，亲密得太过分了！”

即使在西方国家之间，也会因文化的差异而有所不同。例如，一个美国人如果要和朋友谈些知心话，两人会自动靠近，使各自的空间合二为一。德国人不同，他们的“自我观念”特别强烈，他们通常把家中的整间房间，视为自己的私有空间。如果有两个人在他的房间里知己地交谈、而不请他加入谈话的话，他会认为自己受到了侮辱。所以他无论走到哪里，都极力保有他私人的活动范围。在第二次世界大战期间，战败的德国军人被四个一组地关在盟军军营中临时搭盖的小屋里，他们马上会在小屋中划清各自的私有空间。如果是在露天的栅栏里，德国战俘总是想尽办法搭盖他们各自的居住单位。德国人的这种“强烈自我意识”，使得他们动作僵硬，普遍地缺乏自然的身体动作。这种僵硬的姿态是为了避免因为无意识的动作，而泄露出太多的内心真相。纪录影片中的希特勒的形象，便是这一典型。

英国人处理空间的方式和德国人不同，与美国人也有很大的差异。在美国，你可以和你的邻居交往；但在英国，尽管跟某人比邻而居，也不一定会去和他交往，常常形同陌路人。

有这样一个故事。一个美国大学毕业生在开往欧洲的轮船上邂逅一位漂亮的英国女子，他们很快有了非同一般的关系。可是，一个月后，当这个美国青年在伦敦的一个宴会上遇见这个女子时，那女人却用眼睛看着自己的高贵的鼻子，不理睬美国青年的热情招呼，做出一副素不相识的样子来，弄得那个美国青年窘迫万分。

在英国，人与人之间的交往，并不取决于肉体的亲热关系，而是取决于社会地位的高低。如果你的社会背景和你的邻居不相等,你们就交不成朋友。

法国人在跟你谈话时,总是望着你的眼睛。在巴黎的街上,女人是被评头论足的对象。法国人看你的眼光,传达了非口语的信号:“我喜欢你,虽然我不认识你,也从来没和你说过一句话,可我从心底里欣赏你的美。”要是在别的国家,一个男子用这样的眼光看一个女人,会被认为是粗野无礼,且带有侮辱性的。

也有人不尽同意“文化上的基本差异,使得处理空间的方式也不同”的观点。比如,在美国演讲联谊会召开的第 55 届年会上,琼斯教授做了一个报告。他说,拉丁美洲的人说话时,比中国人或黑人站得近些,而同处于亚洲的阿拉伯人,却站得比拉丁美洲人更接近。

琼斯教授在纽约市的哈林黑人区、唐人街、意大利人区、哈林西班牙人区和各种人种汇集杂居的曼哈顿范围中,研究了两年后,才提出了这种形态改变的证据。

根据他的研究结果,琼斯教授坚信,一贫如洗的境遇,迫使这些人不得不改变一些他们的文化习惯行动。世界上应该说还存在着一种特殊的“贫穷文化”,它比任何种族的移民文化的背景力量更为强大。

琼斯博士有一次接受记者的访问时,这样说道:“当我住在纽约各人种汇集的所谓的‘熔炉’里,开始研究移民文化的行为形态时,我原认为他们会顽强地保留他们各自在文化上的不同点,但令人惊奇的是,由于贫困情势的逼迫,使他们的行为有了很明显的类似点。”

琼斯教授发现,在人口拥挤、房屋简陋的贫民区,实际上每个人都不甚关心自己的种族背景,他们站着的时候,都会使用两脚分开的共同姿态。

这是成长中的肢体语言科学在社会学上的用途，我们借此可以去发现，贫穷如何在影响着文化。经济上的穷困逼迫，造成了他们共同的心理特征。显然，贫穷的特质使得人种、风俗习惯、民族意识等等界限逐步融化，创造出了一种共同的肢体语言。换一种角度来说，这也是适应生存的必要。

除了上述的一些差异外，人类在不同的空间中，也会有不同的反应。越是在大城市，越是在人群拥挤的地方，我们越是不想打扰别人的私有空间。我们在电梯中，在街道上，在汽车里，学会了一种视而不见的本领。人们会说，大城市的人缺少人情味儿。反之，小镇上的人，小村子里的人，他们之间就有较浓的人情味儿。在小村寨中，每个人彼此熟悉，几乎没有秘密可言。他们见到了陌生人，会冲你打招呼，甚至聊聊天。有许多大城市的人，当他们到乡下的亲戚家去探亲时，会受到很热情的招待，住多长时间都无妨。可是，当乡下的亲戚到大城市来回访他们时，他们就会在背后对乡下来人多住了两天而口出怨言，他们不希望自己的空间长久被人侵入，哪怕是自己的至亲好友。

在大祸临头的时候，人与人之间的领域壁垒又会被摧毁殆净。例如，美国的大都市纽约，是出了名的人情淡漠的地方，但当东北区全面停电时，每个人都向对方伸出友谊之手，互相帮助，互相关怀和鼓励。在这温暖的数小时之间，这个城市成了最富有人情味的地方。不过，当灾难过去之后，人们会随之又回到各自的领域中去了，重新严守各自的空间界限。

人类在不同的空间、不同的情况下，会用不同的方式处理自己的界限。那么，当我们的领域感受到了威胁，当我们的私人空间被侵入后，我们又会采取什么样的姿态呢？我们用什么方式来表示自己和别人的不同呢？下一节将予以详细介绍。

领域中的优越和从属

我们都知道，动物可以变化其身体的大小，而使自己具有防卫、应付攻击的能力。狗或者猫，遇到强敌时就弓背耸毛，以产生威吓对方的作用。又如刺猬，它遇到侵入者，就耸起毛刺，膨大自己的身躯来吓唬对方，如果对方过于强大，它马上又会收缩自己的身子，蜷曲成球，采取防御的措施。再如河豚鱼，它遇到敌人时，就会拼命地吸气，使自己的身体一下子膨胀好几倍，用以吓退对方。膨胀身躯或缩小身躯，都是用扩大自己的势力范围和缩小自己的势力范围的方式，来应付对方的侵入。

在关系到自己的势力范围时，人类也往往会做出许多类似动物的反应来。比如，在西方世界的政客中，以穿着宽松西装者居多。我国也有此种现象。过去的皇帝，他的龙袍是非常肥大的，穿在身上极不合体。就是那些官服，不管是大臣的蟒袍还是七品芝麻官的红袍，都比老百姓的衣服要肥大得多。现代的领导者，穿紧身衣者极为罕见，大多爱穿宽大的服装。我们且不去讨论这些服式流行与否，就肢体语言的观点来看，不外是借助于宽大的衣服，使自己的身躯显得更大，占据更大的领域，用以传达给对方“我是你的上司”或“我在精神上居优势”的无声语言的明确证据。与此相反的是，弯腰驼背等举动，大多是处于劣势，含有防卫性的意义。

有一位精神病医生，从医院内精神病患者的行为反应里，得到很多有关这方面的知识。一所精神病院等于一个封闭的人类社会的缩影，外界的行为在这里都被夸大地反射出来。同时，精神病院也是一个很特别的地方。精神病人和正常人不一样的是：他们对别人的侵犯很敏感，反应也较强烈。精神病患者对侵犯有什么反应，因侵犯他的人而异，就像刺猬一样，会根据不同的敌手，分别采取耸竖箭刺或蜷缩身子的伎俩，很有点欺弱怕强的味道。不论在哪一个精神病院里，总会有一两个病人故意侵犯别人，使其他的病人都怕他，从而俨然成为病员中的统帅。但不管这个“统帅”有多么威风，他们一定害怕护士，就像耗子怕猫一样，因为护士是医生的属下，在他们的眼里，护士就是医生的象征。

一个精神病患者，当大家提出要把他送进精神病院时，他立刻暴跳如雷，动手打人，做出一副气势汹汹的样子。当这一手不能奏效时，他顿时又换了一种姿态，变得万分可怜，涕泗横流地弓背哈腰，苦苦哀求不要把他送进精神病院，而且保证自己会比一只猫还听话。在他被强行送上汽车，在去医院的路上，他又会变得凶悍异常，并且不顾一切地想从疾驰的汽车上跳下去。然而，一到精神病院，他又变得像个极其温顺的绵羊，垂着头，乖乖地跟着护士走进诊室。尽管那个身材纤瘦的女护士并没有向他威吓，但在他的眼中，却有着无法抗拒的统御力量。

和精神病院相似的，是临时拘押犯人的场所。被关押在拘留所里的，都是些犯了法但尚未最终审理的犯人。由于犯了罪，又在神经极度紧张地等待着审理，所以他们会表现出一种病态的歇斯底里的反应，与精神病人有许多类似之处。不同的是，他们是在精神健全的情况下做出了病态的举止。拘留所里和精神病院里一样,每一间住着十来个人的号子里,总有一两个称霸为王的人,残暴地欺侮新来的人。他占据着号子里最舒适宽松的位置,而新进来的,常常只能跻身于便桶旁。晚上睡觉时,他可以肆无忌惮地把脚搁在别人的身上,到了白天,更会想出许多恶作剧,来作弄新犯人寻找乐子。一旦又有新犯人被送进号子,那么,先前的那个新犯人便会摇身一变而成为老犯人,变本加厉地去欺侮刚进来的人。但不管称霸为王的犯人多么凶残无情,一旦看到了看守人员,马上就会成为一个卑躬屈膝的小人,做出种种低三下四的动作,表示自己的服法听命。

同样的道理,在工商企业中,谁的身上也没有明显的识别标志。但是,我们必定可以从人们的举动上看出,谁是领导者,谁是从属者。那么,一个领导者,他是怎样地来显示自己的身份的?他用什么技巧来统御他的部下?他用什么方法来保持自己的地位?

让我们来看一段无声电影吧:经理坐在屋里的办公桌后面,来人用手敲门,然后走进来,和坐着的经理谈一些事。

看完影片后,我们可以据此判断经理和来人之间的地位与关系。要是来人进门就站着跟经理说话,表示他没有什么地位;要是他一边走向办公桌,一边就开始讲话,显然有较高的地位;如果他直接走到桌子前面,对着经理讲话,他的地位就更高了。

还有,敲门和进门之间的时间,以及坐着的经理在听到敲门声后,回答的时间间隔的长短,亦可以看出两人的关系。来人敲完门马上进来,表示这个人的社会地位高。经理听到敲门声后越慢回答,表示经理的地位越高。

从这里我们可以清晰地看出,人的地位的表现和领域感有关。由来人侵入经理的个人空间的多少与时间的快慢,表明了来人本身的地位。

领导到下属的办公室去,可以径直推门而入,不必以敲门来作预先的通知。但下属却必须等在领导的门外,得到允许后才能进入。要是领导正在接电话或忙于其他的事,下属一定会不声不响地走开,等一会儿再来。如果领导去找下属,而下属正在接电话或忙于其他的事,领导就会径直走到他的身边站着望着他,下属必定尽快挂上电话或者放下手中的工作,转过头来把注意力完全放在领导身上,准备接受他的指令。

表示自己地位的肢体语言是形形色色的。比如,在现代化的大企业中,办公室的分配和布置,也标志着一个人的地位的高低。最高一级领导的办公室与次一级领导人的办公室的摆设、面积常有明显的不同,再次的就会十几个人挤在一间办公室里,房间里横七竖八地摆满了写字台,办公室的门经常敞开着,任人自由进出。

级别最高的领导人物,他们有个人的领域,始终紧关着的门,保护着领域的不被侵犯。而次一级干部,却要两三个人同居一个空间,但他们的空间被侵入的情况比更次一级的办公室要好得多。后者,每人的领域只局限在各自所拥有的办公桌,敞开着的大门使他们时时处于遭受别人视线侵犯的境地,处于没有遮拦护卫的领域之中。

除了用上述的办法来区分地位的高低外,还有什么办法可以显示自己地位的优越呢?

抬高自己。这也是传达统御或支配权利的一种方式。在传说中,神总是住在最高处的。玉皇大帝是住在九重天上的凌霄宝殿中,希腊神话里的众神之父宙斯,是住在高高的奥林匹斯山上。参观过北京故宫的人都会明了,为什么皇帝的金銮殿是建造在最高的平台上的。用我们今天的话来说,就是高高在上。

地位不同的人有不同的领域感，高地位的人在上，低地位的人在下。

用高度来强调统御，人类和其他动物都一样。科学家的研究指出，狼群中领导地位的取得，是将年长的或属下摔倒在地上，然后站在失败者的前面。这在狗群象征性的搏斗中也可看到类似情形，战败者匍匐于胜利者的下面，暴露出它的咽喉和腹部，表示恭顺臣服。公园的游客们常常也能看到，猴王无事时总是蹲在猴山上的一块高高的平台上，居高临下地看着它的属下们。

同样的情况也发生在人类之中。当人们来到国王、神像、神坛面前时，要弯腰跪拜。东方人的鞠躬，欧洲人的屈膝礼，都是用降低自身高度的举动,来表明位卑的身份。这些动作都发出了肢体语言的信号:“你比我高,所以你是我的统治者。”

无论在何时,你如果想传达出对他人的支配和统御意识,只要在坐下来时身体比他高,或者让他坐着,你站着面对他,就可以了。就是不懂得肢体语言信号传达的人,也会立刻感觉到你是在居高临下地对他说话。所以,人们应该注意到这一点,一般应该避免抬高自己,以免别人对你产生心理上的对立。

《大独裁者》这部电影和卓别林拍的其他电影一样,充满了丰富的肢体语言。最精彩的要算是理发店里的一幕。

卓别林饰演希特勒,欧凯饰演墨索里尼。他们两人同在一家理发店里修面。镜头的重点,放在他们在这种特殊的情况下,如何来强调自己是最高统帅。当时他们都仰脸躺在理发椅里,脸上涂满了肥皂泡沫,无法用脸部的表情来显示自己。这时只有一个办法可以互相比高低,那就是控制理发椅的高度。那两张理发椅是可以上下调整的,谁的椅子升得高,谁就获胜。于是“希特勒”和“墨索里尼”就在镜头前想方设法把自己的坐椅升得比对方高。

在篮球比赛时,我们常常也可以看到这样的情况:当一方的教练请求暂停比赛,向他的队员们面授机宜的时候,那些长得比教练高大得多的篮球队员会弯下腰,低下头,甚至半蹲下身子,听他们的教练讲话。这是他们表示出对教练的权威的信服和尊敬。

这样的例子在日常生活中俯拾皆是,简直是举不胜举。所以凡是在别人面前拍马溜须者,必定会无意中降低自己身子的高度,而采取低头哈腰、卑躬屈膝的姿态。中国的成语“奴颜婢膝”就说明了这一点。

在优越和从属的关系中,还有一些姿态非常流行。

一个人的优越感可以从两个人一碰面,互相握手致意的时候就表现出来。当有人牢牢地握住你的手，并且翻过来使他的手掌直接压在你的手上，他就是企图在身体上统辖你。当有人把自己的手掌心向上，伸到你的面前，那就是他表示愿意接受从属的角色。有的人在初次和你见面的时候，一边握着手寒暄着，一边用目光直视着你。这是他意欲用目光的侵入，来压迫对方的情绪，或由上往下地卑视对方。换句话说，这是他想处于比对方更优越的地位的一种表现。

在西方国家中，做父亲的在家中常坐在椭圆形桌子或长方桌子两头的位置上，因为它是第一个位置，象征着权威。在中国，长辈总是坐在八仙桌的上首，俗称“朝南坐”。也同此理。在家庭的餐桌上，我们可以从坐的次序分辨出家庭的组成情况；同样，如果一群人坐在会议桌旁开会，领袖人物一定自动地坐在公认为首位的位置上，同时，我们可以从其他人坐的位置离领袖人物位置的远近距离上，判断出他的地位的高低或与领袖人物的亲疏关系。对立的双方，必定相对而坐；心存异议的人，十有八九坐在较远的地方。

还有的人，喜欢拉出半截办公桌的抽屉，把脚搁在抽屉上，甚至还有爱把脚搁在桌面上的。他的这种姿态，表示着自己地位的优越，他会毫无顾忌地用这种姿态，向下属发号施令，但是，一旦面对着他的上级，他马上又会把搁在抽屉上的或桌面上的脚放下来。

那些在会议上，站起来发表意见的人，内心必定有一种优越感，认为自己的意见是举足轻重的。而坐着听他发言的人，坐的距离越是离站着发言的人近，他就越是感到讨厌或不安，而会议的主持者，往往会用手势叫他坐下来发言。

所以说，私人的空间观念是立体的，它不但包括了领域的大小距离，也包含着领域的高度。弗洛伊德很了解人需要个人空间这一点，所以他在自己开的诊所里，做了适当的安排。通常他让病人躺在长椅上，自己则坐在病人所看不见的地方。这样，病人才不会产生个人空间被破坏的感觉，能较为轻松地回答医生的询问。

还有一点，地位不是永远属于个人的东西，随着这个人物所处的社会场所的不同，他的优越性和权威性会产生不同的变化。

举个最简单的例子吧。某人在公司里是经理，他的权威性和私人空间是绝对不允许被侵犯的。可是一旦换了个场合，回到家中，他的权威感顿时消失得无影无踪。在公司时，他是个性格急躁、固执的人，可是到了家里，性格却又柔顺得像只绵羊。莫非不同的空间，真会改变一个人的性格？

这与其说是性格改变，不如说是因为在不同的场合中社会性的标签不同而已，他由此而使自己的身份更适应于该场合。

所以人与人之间所相处的关系，往往要根据该人处于什么样的场合之中，才能确定彼此间应有的距离。两个地位悬殊的莫逆之交，在私下场合中，可处于亲密性距离之中；可是一到大庭广众之中，如果仍保持这个距离，地位低的一方便会被人认为是失礼了。此外，我们还需考虑并顾及到个体等差异，否则会发生意想不到的后果或麻烦。

任职于美国纽约精神病研究所的金瑟博士，曾在美国联邦罪犯医疗中心工作过。那时，他就发表了一系列关于侦察罪犯、预测和对付暴力方面的理论研究。他早年研究动物时，留意到动物总是用暴力来作为它的私有空间被侵犯时的反应。那么，那些因暴力行动而被捕入狱的罪犯们，是否亦和空间领域的侵犯有关呢？

金瑟博士调查研究了不少暴力犯罪分子，发现他们即使进了牢房，还时常和同狱的犯人争斗，尽管这样做的结果会把他们关进与众隔离的小号子里去。这些人常常因为自己会冒起无名之火而感到困惑，他们不明白自己为什么会动不动就向他人动武。难道这些人需要有更大的,绝对属于自己的空间,才能自我控制吗?

金瑟博士逐一地询问了那些罪犯。他们对自己向别人使用暴力的理由,所答几乎完全相同:“那人在我的周围捣乱。”仿佛他们使用暴力,只是防卫行动。但经过调查后发觉,那人根本就没有对他做什么越轨的举动,只是太接近了他而已。

经过多次的实验,金瑟博士发现,每个人都有他的一定的身体防区,这防区领域的大小因人而异,金瑟博士称之为“身体缓冲地带”。他说,凡是有过暴力行为的人和没有暴力行为的人相比,前者的“身体缓冲地带”的距离要比后者大四倍。当他人跟这种人靠得太近时,他们就会误以为侵入者会“冲过来”或“闯进来”攻击自己,所以立刻就主动地用武力进行反击。其实,侵入者往往是无意或无辜的。

就整个被侵犯的问题而言,中间尚有一个明显的两性关系存在。一个女子走进一个男子的领域时,所接收到的肢体语言信号,与她闯入另一个女子的空间领域时,完全不一样。男人对女人的侵入,比较不在意,容易接受。反之,如果一个男子侵入他的领域,则将引起他的戒备、不安,甚至毅然决然地反击。

虽说侵入者在进入别人的领域时,他所发出的肢体语言往往是这样的:“我并不把你当做一个人来看待,所以我无视你的存在。因此我可以靠近你,你也不会介意。”但当我们作为“伪侵入者”时,对自己的“优越”应心知肚明,不能忘乎所以。例如在拥挤的公共汽车上,也是这样,虽然大家紧挤在一起,但互相都认对方为“非人”,便都能心安理得,否则,完全陌生的人处在如此亲密的距离中,是会感到万分为难的。但你不能用目光凝视对方,这会使他感到你觉得他的存在,而将“非人”的感觉破坏无遗,必然引起他的反感。反之,如果车厢里并不拥挤,而你却视他为“非人”,过分地贴近他,他会为此而深感不快,性格内向的人会避开你,性格外向的人会毅然反击，与你发生一场争吵。

美国加州大学心理系的教授索默博士认为，一件东西，一个“非人”，就跟一棵树、一张椅子一样，不会侵犯别人的私人空间。因此，他认为侵犯一个“非人”的个人空间，是不会发生什么纠纷的。索默博士举了一些例子：护士和医生在病床边谈病人的情况；白人老爷当着黑人奴仆的面大谈种族歧视问题；清洁工不敲门就闯入办公室清理废纸篓，等等。

但是，必须注意，视对方为“非人”只有在特定的环境和条件下才能成立。比如，在拥挤的商场里，公共汽车上，或者是权威人物和非权威人物之间。这里所指的“权威人物”并非单就地位的高低而言，亦包括各自的职责权力，如清洁工、海关检查人员和医生等，为执行、完成自己的工作任务，而可视对方为“非人”。不然的话，对方就会觉得你是在无礼地侵入他人的领域。所以我们如何感受侵扰和对侵扰做出自己的反应，包含了索默博士所说的一些“礼貌的认可”。

我们常常说，要“礼貌待人”。“礼貌”这两个字，就是建筑在尊重他人领域的基础上的。我们往往视那些尊重他人的私有空间、不轻易侵扰他人领域的人，为讲礼貌的人；反之，那些无视他人的私有空间、常常侵扰他人的人为不懂礼貌的家伙。对师长讲礼貌，用鞠躬的方式降低自己身体的高度。与他人之间，一旦发生了身体的触碰，例如踩到了他的脚，撞着了他的身体，便会赶紧避开，用身姿发出一组歉意的信号，或在口头上宣称“对不起”来表示我们的礼貌。在听人讲话时，我们会用错开直视的目光，来表示对对方的尊重，体现出彬彬有礼的风度。在进入他人的家或其他的房间时，我们会用敲门、按电铃的方式通知主人，得到允许后，才进入他的私人领域。这处处都在表现着“礼貌”两字。

触摸和自我触摸的奥秘

在本篇的第一节中，曾介绍了肢体语言学可归纳为三项基本理论：第一项理论说明，人类的感情或欲求在无意识中形成身体的变化而表现出来。例如，害羞时的脸红，惊讶时的张大嘴瞪大眼，焦急不安时的抖腿等等。第二项理论有关人的势力范围，即人的私人空间问题。在这一节里，我们着重给大家介绍的是第三项理论，即“自我亲密性”的问题。就是说，任何人都有与他人接触的欲求，如果这一欲求遭受抑制，那么取而代之的，是形成自身与自身触摸的现象。其次，是非自我的触摸。

还是让我们先来看电视吧，电视是研究社会心理学的窗口。我们可以从电视上形形色色人物的举止，来接收各式各样的肢体语言。

大家一定还记得水门事件吧。这个轰动全世界的丑闻，导致了尼克松总统的下台。当时，全世界的电视台都播映了有关这一事件的新闻。当电视中出现记者采访尼克松的镜头时，尼克松一边回答记者们的提问，一边随手抚摸着自己的脸颊、下巴。这些微妙的自身触摸的现象，在水门事件爆发前，是不曾见过的。谙熟肢体语言的专家们，一看到尼克松自我抚摸的行为，便确信在水门事件中,尼克松是脱离不了干系的。因为他的肢体语言已是一份“不打自招”的“供词”。

我们再把电视机的频道转换到播放日本新闻的频道上去。震惊日本朝野的“洛克希德”案,牵涉到了当时担任首相的田中角荣。当田中角荣首相在反驳对方的论点时,有一个特别引人注意的动作特征,那就是不时地用手帕擦拭脸上的汗水。出汗的现象,当然是某种生理机能的作用,但它又很清晰地表现了某种程度的生理变化,显然,在田中角荣的心中隐瞒着不可告人的秘密。

弗洛伊德曾经指出:人类不自觉的心理状态,能在自身不留意之间,在行动上毫无保留地暴露出来。因为内心的精神状态,无论如何刻意地隐藏,一定会在外表的行动上露出破绽。

尽管我们可以强装出雄辩滔滔的强硬态度,甚至于摆出一副有恃无恐的样子,但实质上内心某处的弱点依然存在。此种“做贼心虚”的心理,在无意识之中,以某种形态动作表现在体外。

田中角荣和尼克松在回答别人问题时,那些出汗、擦汗,频频地托腮、摸下巴等小动作,都是心理上极度紧张的表现。肢体语言的研究专家们认为,这就是所谓心理上的自渎行为(masturbation)。

为了自我弥补心里的懦弱感,在许多场合中,常以自我触摸身体的方式来掩饰。我们通常把这种行为视作“自我亲密性”,在心理上,此类自我触摸有自我安慰的意味。

这里有个小故事。有一次,一位年轻人在路易士维尔大学和伯威斯德教授讨论文学作品。当教授问到他对一本现代文学著作的意见时,年轻人不由自主地揉着鼻子,说他非常欣赏这本书。伯威斯德教授哈哈一笑,一针见血地说:“其实你根本不喜欢这本书。”年轻人一下子愣住了。他既佩服教授的洞察力,又不明白自

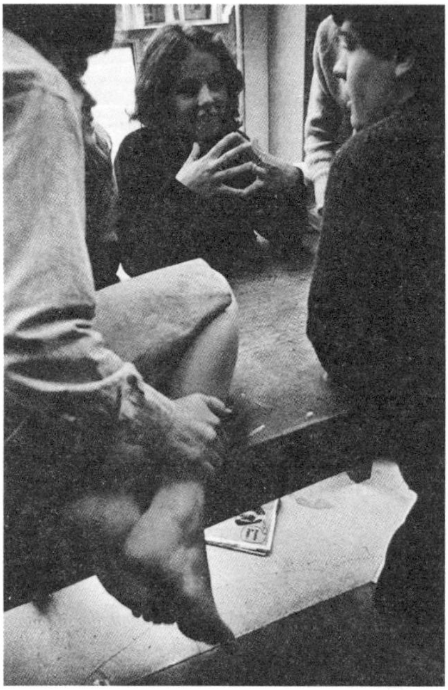

即使在随便闲聊时，仍可看到手指尖接触和用手握住小腿等旨在放松的自我接触动作。

己的回答中哪里露了马脚，只得窘迫地承认，这本书自己只读了几页，并且“发现它们都是愚昧不堪的”。其实，这得怪他自己，他不该在行家面前回答问题时做出揉鼻子的动作。

人在某些方面往往是怯懦的。尼克松和田中角荣不敢在记者和法官面前道出真情，年轻人不敢在具有权威性的教授面前直抒己见，因此，为了掩饰人类普遍具有的怯懦性，才需要以自我触摸来掩人耳目。可以这样说，自我触摸动作频繁的人，其内心一定隐藏着不稳定的秘密。虽然有极个别的人，有时能适时自觉地控制住自己，而几乎不露出自我触摸的动作，但看上去却会显得较为机械呆板。

一些科学家认为，人的自我触摸与婴儿想得到母亲爱抚的心态极为相似，都欲借此来平稳心中的波澜，驱除孤立无援的心境，以得到某种安全感和充实感。英国动物学家莫里斯的一段话可以说明其原因。他说：“身为动物的我们，所获得最初的印象，必然是在母亲的子宫壁保护之下、完全处于漂浮状态时产生的亲密肉体接触感。”而此类肉体接触感，与生命息息相关，我们将终生受其强烈的驱策。没有它，我们将会空虚不安而逐渐枯萎。

但是，这种肉体接触，一般仅仅限于发生在幼儿与母亲、情侣或夫妻之间，为什么呢？还是让我们再来听听莫里斯博士是怎么说的吧。他在一本题为《亲密行为》的书中，将人由生至死的过程，从肉体接触的角度划分为五种表现：

第一种，婴儿在母亲胎内时的肉体接触。第二种，幼儿在哺乳期的肉体接触。这两个时期的肉体亲密性，会在长大成人后转变成各种形态的肉体接触而在他的身上重现。第三种表现，即从丧失幼儿期的亲密性到成人时期，这时所萌发的日常的肉体接触，称为“性亲密行为”。第四种，称之为“社会亲密行为”。因为在成人的世界里，除了性的接触外，一个人因为具有与他人“保持距离”的心理因素，所以使肉体接触受到压抑。在这一阶段的肉体接触，唯有握手、表示问候的拥抱、接吻之类，是当作一种社会习惯来进行的礼仪式的肉体接触。第五种就是凭借着自我触摸的“自我亲密行为”。

莫里斯认为，在成人的世界里，肉体接触被压抑的理由之一是由于现代社会的过密状态。如果在人口繁密的世界中，人与人相遇都要采取亲密性接触的话，这世界必然会变成一片混乱，社会组织必然呈现瘫痪麻痹状态。另一个理由是因为性的问题，亦即在成人之间，肉体的亲密具有性的意味。

至于自我触摸，无论对什么人，在其无意识的世界里，应当解释为：“将一个人的肉体当作舞台，进行‘两个人’之间的接触。”

人与人之间的肉体触摸和自我触摸，在人类的生活中当真有那么必要吗？让我们先来看看法斯特教授所遇到的一件事吧。

有一段时期，法斯特教授曾自愿地在一个教堂里，教一群年轻人学习文艺创作。其中有个 14 岁的少年，名叫哈洛德。他年纪虽小，却是个天生的捣乱鬼。虽然他长得漂亮，外表看起来比他的实际年龄要大些，但他却老是得罪人。

到了第五个学期时，几乎所有的人都恨他。对此，法斯特教授也感到束手无策。为了使哈洛德变得正经规矩一些，法斯特教授从友善地劝说到生气地责备，软硬兼施地用了种种办法，就是无效。哈洛德我行我素，依然不把别人放在眼里，使他和大家的冲突有增无减。

有一天傍晚，当哈洛德过分地戏弄班上的一个女孩子时，法斯特教授忍无可忍了。他非常生气地一把抓住了哈洛德。可是，在抓住哈洛德的一刹那，法斯特教授立刻意识到，自己做错了。法斯特教授想，我冒失地抓住了他，下一步该怎么办呢？打他吗？不能！我比他大得多，未免有大欺小、强欺弱之嫌。那么把他放掉？也不行。这样，哈洛德反而成了胜利者，今后他更会为所欲为。怎么办？此刻的法斯特教授可真有点进退维谷了。

他急中生智，顺势把哈洛德推倒在地，然后像开玩笑似的搔他的痒处。起先，哈洛德愤怒地大喊大叫，接着却痒得大笑起来，直到他喘着气，答应今后再也不闹恶作剧，法斯特教授才停住手，让他站起来。

法斯特教授百感交集，觉得自己在无可奈何的处境下，由于搔他的痒处而侵犯了他的身体防区，并且还阻止了哈洛德用他的身体作自我防护。看来是闯下了祸，为自己找了麻烦。也许，今后哈洛德会忌恨自己，会想方设法地报复。

谁能料到，以后哈洛德非但没有图谋报复，反而从此安分守己，还成了法斯特教授的忠实伙伴和朋友。他会用手攀着法斯特教授的脖子和手臂，用拳头轻轻地捶打，用手推推搡搡，尽可能地用身体的接触向法斯特教授表示亲密，而法斯特教授亦用同样的方法回报他。他俩就这样亲密无间地度过了整个学期。法斯特教授用侵犯他的个人领域,无视他的身体防区的办法,通过肉体的接触,第一次和哈洛德达成了感情的沟通。

从这一偶然的事件中,使法斯特教授得到了一个启迪:有时候,必须用接触对方的身体来作为沟通。有许多时候,除非透过我们的个人空间,去触摸抚爱对方,否则就不能达到情感的自由沟通。

近代非常流行握手,这是人与人之间最常见的一种社交性的身体接触。握手在欧美人的生活中是理所当然的社交礼节,但对我们东方人来讲,尤其在有些闭塞的地区,握手仍然是相当叫人难为情的举动。值得一提的是,在异性之间,如果女方不主动伸出手来的话,男方一般不好贸然去握住她的手的。

但是,在政治家和商人之间,如果不紧紧地握手,或者你伸出手去对方不理不睬,你的心头就会十分不安,提心吊胆地感到对方没有诚意或对自己有不信任之感。如果对方出乎你的意料之外地紧紧握住你的手,你的心中就会涌现出一种亲近的感情。这种奇妙的亲近感,就是"肌肤情谊"的效果。

要说服对方时,利用"肌肤情谊"来削弱对方的反对意志,是日本前首相三木武夫最得意的拿手绝招。据说,三木武夫在与他人谈话时,总是不时地抚摸对方的膝盖或者拍拍对方的肩膀,进而达到说服对方的目的。这是身为少数派的领导人,为了保持派阀间的势均力敌,对于出现在派阀间的作梗的人物,不得不经常给予安抚说服的技巧。可以说,三木武夫懂得如何巧妙地利用肉体接触来达到情感的交流。

再比如,西方政治家们在竞选期间,总是不顾劳累地四处与他的选民们一一握手,展开"肌肤情谊外交活动"。这种频繁握手,当然是相当耗费心神的苦差事，但在选民的印象中却能得到良好的声誉。手和手的接触，令人产生一种心和心连在一起的感受，更何况有人认为能和政治家握手实属光荣，感激之情自然不在话下。其中有些人，甚至对这种匆匆的肉体接触，永远也无法忘怀。这样一来，被他握过手的选民给予他的投票率，当然就相当高了。这就是肉体接触所产生的直接的魅力。

以上这类事实，已使心理学家们得到了启发。现在，国外的一些心理学家组织起一种新的治疗学派。这就是，以肢体语言为主，以身体接触突破为辅的治疗方法。

孩子们在被教以社会规范之前，是用手的触摸来探测他们的小天地的。他们触摸父母，并钻进父母的怀里。他们摸自己，摸自己的生殖器玩，在摇篮内感到安全，摸到具有冷、热、光滑或粗糙的有刺激感的东西时就兴奋。孩子慢慢长大后，像儿时一样凭借着触摸去探测世界的情况减少了，触觉的天地大大缩小了。由于个人领域的需要，限制了他们真情的流露，同时也限制及阻止了他去寻求许多他渴望获得的人际关系。

于是，儿童的天真烂漫一去不返，成年人变得心智停滞，因为心智的特质很容易转变为生理上的特质，所以他的生理也变得停滞了。

美国加州大沙尔的伊萨兰研究所，就是以身体接触的实验为新法治疗的依据。他们把与世隔绝的安坦提卡人，和世界上其他普普通通的人作为研究的对象，企图突破这种生理停滞，再追溯到心智的停滞。

劳文博士在他写的一本叫《特征结构的机能》的书中，提出了一个非常吸引人的概念。他说，人类所有神经性的问题，都可以通过身体的结构和功能显示出来。从来没有任何一种文字，能够像肢体语言一样，把意思表达得那么清楚。

舒兹博士认为，“心理状态影响身体的姿势和功能”。他在他所发表的讨论有关处理人际关系的新技巧的文章中，引用了罗尔夫博士的推测，即：人的情绪使他的身体固定在模式中。一个经常不愉快的人会使皱眉由习惯而变成他脸上的一个固定组成部分。一个具有侵犯性的人，老是把头伸向前方，日久天长就发展成引颈向前的姿势，再也改不过来了。

根据罗尔夫博士的说法，人的情绪使他的姿势和表情定型。反过来说，这种定型也迫使情绪就范。罗尔夫博士相信，要是你经常把微笑挂在脸上，便会影响你的个性，使你的心智也跟着微笑。这种情形也适用于皱眉，以及其他明显度深浅不一的姿势上。

在紧张时把手压在嘴上，可以唤起婴儿在母亲胸前的安全感。

由此我们可以看到，一个人的举动和他的内心情绪有关。当一个心中不安或心内蕴藏着渴望的人，为了安慰自己的内心情绪，就会通过自我触摸来求得心理的平衡。那些酷爱玩弄洋娃娃，或抱着枕头睡觉的人，必定心有所需，是把洋娃娃和枕头等物当作他人的替代物，而进行心理上的肉体触摸的一种方法。

触摸和自我触摸的现象，在我们的人类社会中几乎随处可见。当你了解了它所蕴含的意义后，再去仔细地进行观察，相信你在进一步洞察他人心灵隐秘方面，会大有收获的。

心灵之窗

越是高明的作家，越有洞察人类心灵的非凡本领。在一本好的小说中，作家刻画那些人物形象时，总是充满了大量的肢体语言。现在，先让我们来看看世界著名作家，法国的大仲马在《基督山伯爵》一书中是如何应用人物的肢体语言来刻画不同的心灵的吧。

“离开她三步远的地方，坐着一个年约22岁的高大青年。他跷起椅子的两条后腿，臂肘撑在一张旧桌子上，带着一种烦恼不安的神色注视着她。他在用眼睛询问她，但年轻姑娘坚决而镇定的凝视却控制了他的目光。

“年轻姑娘说到最后一句，就把她那威严的眼光盯住那迦太兰人弗南，后者似乎像受了那眼光的催眠一样，慢慢地向艾德蒙走去，伸出他的手。

“她睁大着一对明亮发光、像乌玉似的眼睛……假如她是一个城市里的姑娘，她一定会把她的喜悦掩饰起来，或至少垂下她那浓密的睫毛，以掩饰她那一对水汪汪的热情的眼睛，但美茜蒂丝只是微笑着左右顾盼……”

大仲马通过对年轻美丽的美茜蒂丝的眼睛的描写，生动而又准确地袒露了她对弗南和艾德蒙的不同的内心情感，读来令人拍案叫绝。我们几乎在任何一篇小说之中，都能看到作家对眼睛的描写，牛仔那冰冷可怕的眼睛盯着偷牛贼的背部，英雄热情的眼神融化了贞洁的女人的心……眼睛能被描写成冷酷的、嘲弄的、锐利的、灼热的、猥琐的，等等。中国古代的大画家顾恺之曾说过：传神写照，妙在阿睹。这“阿睹”，便是眼睛。中国的成语里，也有“画龙点睛”之说。可见，眼睛是传达人类内心情感的心灵之窗。

眼睛真有如此魔力吗？真的有燃烧的眼光，冷酷的眼光，或利箭般锐利的眼光吗？如果从生理解剖学的角度来说，眼睛根本就不是什么“心灵之窗”，而是生理学上的死角，仅仅是视觉的器官，它既感觉不到冷，也感觉不到热，除了接收外界的图像外，没有其他的作用。

人们在看到自己崇拜的人时，目光就像恋人一样大胆。

但是，为什么人人都说，从眼睛可以看出智慧、理解、善良、奸恶、贪婪或冷漠呢？难道大家的感觉都错了吗？如果眼睛真的不能表达感情，为什么会有那么多的文学作品都这样描写呢？

眼球的本身，确实不能表达出什么来。人的内心情绪之所以能使眼睛有不同的变化，完全是由于脸部及眼睛周围的肌肉动作衬托出来的。换句话来说，眼睛凝视时间的长短，视线注视的方向，眼皮的张开或眯起，以及眉毛的抖动和飞扬等等，无数脸部肌肉的变化使我们感觉到眼睛也发生了变化，流露出了各种各样的内心情感。

俗话说“眉目传情”，其实就道出了这么一个道理，眼神的变化和眉毛的衬托大有关系。在日本东京的东映电影公司里，有一群自称为“皮兰亚(piranha)军团”的配角演员团体，其中有一个演员名叫志贺胜。据说，他以剃光眉毛为特征做出的种种表情，颇受日本观众的欢迎。从他表演的录像中可以看出，没有眉毛的眼神给人一种毫无表情似的邪恶感。根据研究，由眉毛变化反映出的眼神，有五种基本形态：

(1) 眉毛上耸型：表现出恐惧、惊吓。(2) 眉毛下拉型：表现出愤怒。(3) 眉毛并拢型：表现出困窘、不悦，或不赞成他人意见。(4) 眉毛斜弯型：表示出好奇、询问。(5) 眉毛迅速上下动作型：表现出充满亲切、赞同。

眉毛上耸型：表现出紧张、恐惧、惊吓。

眉毛下拉型：表现出愤怒。

如果将上述五种基本形态加以各种组合，做出变化时，其数量之多令人吃惊。有一位心理学家曾经请一位著名演员配合进行试验，发现单凭眉毛的动作，便能演出 40 种以上的表情。

除了眉毛对眼睛的衬托外，还不能忽视眼皮的功效。眨眼，抖动眼皮，垂下眼睑，半睁半开的眼皮，睁得大大的眼皮……小小的眼皮对眼神的变化同样起着举足轻重的作用。

眼睛，是五官之首，同样，脸部所有肌肉群的变化，都在改变着他人对眼神的感觉。例如，把下颚稍许上抬，把鼻子高高挺起，眼珠转到眼角边，于是，眼神便流露出傲慢的姿态。

通过不同的眼神，以及眼睛看的方向，盯着看的时间的长短等等，我们就可以识别出各种人在各种不同场合下的内心隐秘。

有些警察非常善于发现在公共场所的小偷，他们多半是从小偷尚未找到“猎物”时游移不定的眼神和盯住“猎物”时那贪婪的眼神中得到的信息。

这就是眼睛泄露了内心情绪所带来的结果。

你听说过“眼技”这一名称吗？这是流传在日本影视圈中的一个术语。所谓“眼技”就是运用眼神来表演的技巧。1954 年，日本的著名导演黑泽明编导拍摄了一部武侠片《七武士》。在这部影片中，主角们的眼神变化达到了炉火纯青的地步。“眼技”的运用，贯穿了整部影片，真可谓是“眼戏”的杰作。

如果加以巧妙运用的话，眼睛具有极优异的传达情感信息的能力。运用“眼技”当然是演员的职业技巧，不得不如此，可是，对我们普通人来说，眼睛亦是可以通过各种各样的“看”法来传递信息的重要方式之一。

身躯肥肥胖胖，长着肉鼓鼓的圆形脸，目光呆滞无光的人，会让人觉得他迟钝。狡诈的眼神，不用说是属于那种长形脸的人。

而另一种人，只要一看到他的眼神就知道他是属于个性爽朗者，眼大而圆，经常闪烁着晶莹透彻的光。

此外，眼神闪烁的人，我们可以解释成：这个人的心理状态相当不稳定，要不然就是心情忧郁，不开朗。罪犯在考虑坦白不坦白自己的罪行，心情犹豫不决时，他的眼神几乎都是处于闪烁不停的状态之中的。

但眼睛所能运用的最重要的技巧，就是“看”或者“凝视”。我们常可以利用它，来作为和别人和好或断交的手段。怎么做呢？只要用人道的或非人道的态度看或盯视他们就可以了。

简单地说，眼的运用在我们的人类社会中只要注意两点便是了。一是我们不可对人盯视，二是盯视可以在非人的场合使用。我们盯视艺术品、雕塑、风景。我们到动物园里盯视动物，如狮子、猴子、猩猩等。这都可以随心所欲，要看多久就看多久，要看多么仔细就看多么仔细，因为它们是“非人”。但是，如果面对一个人，我们就不可以用“盯视”来望着他。

当然，美术学院的学生可以盯视裸体模特儿，因为她是被作为“非人”，即作为一尊艺术品来欣赏的。我们也可以盯视橱窗里或舞台上的服装模特儿，因为她也是“非人”，仅仅是展览新型服装的活动架子。同样的，我们也可以用盯视来欣赏一个演员在舞台上的表演，因为演员本人深藏在他扮演的角色后面，角色是虚构的，也属“非人”的范畴，我们的盯视对于演员和我们自己本人都不会觉得有什么尴尬和困扰。

对于我们不太熟识的人，要是我们承认他们具有人的地位，就要避免盯着他们看，也得避免忽视他们的存在。我们用一种有意及有礼的注视来对待他们。我们看他们的时间长短，大致掌握在只要对方感觉到我们看到了他们就行了，然后马上把目光移开。

在肢体语言的含义中,我们等于在说:“我知道你在那儿。”过一会儿再补充一句,“但我并不妄想侵犯你的私人空间。”在这样的眼光交接中,最重要的一点是,一直盯着对方看是不可以的。

女性有目标地裸露大腿,在高高的平台上站立或走动,观客视她为“非人”。

由于会见的场合不同,双方眼光的交接也就有不同的公式。假如你在街上遇见一个迎面而来的人,你可以望着人直到和他相距两米半到两米的地方,然后你就得把眼光错开和他擦肩而过。在这个距离没达到之前,双方将发出他将从那个地方通过的信号,这信号只需简短地朝那地方瞥一眼就行了,对方会意味到的,于是双方会微微调整自己的前进方向,然后顺利地擦肩而过。

对这种擦肩而过的相遇,高尔曼博士在《公共场所的行为》一书中说,快速的一瞥和眼睛向下看的动作,在肢体语言里是“我信任你,我不怕你”的意思。为了加强这个信号,你在把眼光移开之前,可以直接地望着对方的脸部。

然而,有的时候这种规则很难遵守。特别是当双方之间有一个人戴着墨镜时，就很难看出那对隐藏在墨镜后面的眼睛在干什么了。所以，我们在电影中常可以看到，那些当间谍的人物，那些偷偷地盯梢别人的家伙，总爱戴着一副墨镜，来隐蔽自己的一对眼睛。戴墨镜的人会误认为，深色的镜片保护着他，使他能够向人盯视而不被对方察觉。其实，这只是一种掩耳盗铃式的自慰心理。以对方的看法来说，戴墨镜的人等于是在用“此地无银三百两”的方式向他表明，对方一直在盯着他看或不怀好意地窥视着他。

我们在遇见领导者或名人时，通常看他一眼便把目光移开，为的是向对方保证，我们尊重他的私人空间。当我们碰到残疾人时，也用这种方法简短地看一眼，然后望向别处，避免使他觉得我们在鄙视或歧视他。尤其是当我们遇到一个美丽的少女时，更会采取这种看的方法，以表明我们对她并无非分之想。这是我们在许多不寻常的情况下使用的技巧，在这种情况下，如果盯视过久将会使人难堪。当我们看到一对异族通婚的夫妻时，当我们在海滨遇见身穿泳装的异性时，都会自然而然地使出这迅速一瞥的技巧。

反之，我们要想贬低一个人，就用一种不礼貌的长时间的盯视去看他，让他受不了。这种看人的方法，在敌对的双方之间，常常可以看到。

这种看了就把眼光移开的一瞥，在有的场合，会使我们觉得十分尴尬，就像不知该把手脚放在何处一样，我们会不知道把自己的目光投向何处才好。比如两个陌生人面对面地坐在火车餐车的餐桌上，他们只有两种选择：一是互相自我介绍后，边吃边随意谈着琐碎的话；二是忽视对方的存在，拼命想办法避免四目相交。性格外向的人往往采用前者，而性格内向的人大多如后者。

史金纳博士在一篇论文中分析这种情况时，这样描述道：“他们反复地看菜单，傻乎乎地玩弄着餐刀；好像第一次看到似的检验他们的指甲。要是碰巧眼光相遇了，他们一定很快地转向一边，作出欣赏车窗外的风景的样子。”

类似这种处境相同的尴尬的眼睛，我们在电梯里，拥挤的公共汽车上，也同样在支配着我们的视觉行为。我们偷眼环顾左右，在眼光凝注之前移开，或者用一种视而不见的看法，望着别人的头部、下巴、身体而不去看对方的眼睛，但视线必须是那种可以被人忍受的漫不经心的样子。

假如我们的眼光碰上了，可以用浅浅的微笑来作为缓和信号。但这个微笑绝不能太久或太明显，它的意思必定是在说：“抱歉，我们的眼光碰上了。不过，你我都明白，这仅仅是巧合。”

对于以上所说的那些情况，对于我们所有人来说，都是一种极寻常的事情，相信每一个人都曾经历过，因为几乎所有的人与人之间的活动和情感交流，都依靠过眼光。

近代西班牙的哲学家奥塔加在他的《人与众人》一书中说，“注视”和某种直接发自一个人内心的东西是完全一样的，“目光”就像“一颗笔直前进的子弹”。他觉得眼睛本身再配合上眼皮、眼窝、光彩和瞳孔，等于“包括舞台和演员在内的整座戏院”。

奥塔加说，眼睛边的肌肉精巧得令人难以相信，由于这个原因，使得每次的眼光都会有一点点不同，但尽管不同种类的眼光多得举不胜举，但眼光到最后只有“瞬息的和持久的看法，即眼光溜过物体的表面再看着它，以及像只钩子似的紧盯着它看，而斜视的看法，是种特别的形式，我们惯常把这种看法叫作‘瞟一眼’”。奥塔加说，每一次注视都说出了注视者的心意历程。

还有一种注视，是想看对方但又不想给对方发现的看法，奥塔加将它称为“侧视”，也就是我们所说的“乜视”。

在任何情况下，如果我们的注视不被他人所发现，就可以长时间地观察别人。当对方的眼光移过来要和我们接触时，我们的眼光必须立刻溜开。越有技巧的人，越能杰出地利用这种特殊的眼光，去偷窥他人。

还有一种被法国人美其名曰“没有睡醒的眼光”的注视。奥塔加形容这种注视说，眼皮几乎闭上四分之三，眼睛好像是在隐藏自己，但事实上，眼皮压缩着目光，然后，“把它像一支箭似的射出来”。他又说，“眼睛看起来昏昏欲睡，但在甜美的倦容后面，却是清醒无比的意识。一个人一旦具有这种眼光，就如同赢得了一笔财富”。这是“最有效力，最富于暗示，最美妙和最令人着迷的”。这种目光既是偷偷摸摸的，又是明目张胆的。这种注视是眼皮所赋予的，是一种带有睡意的注视，一种心有所思的注视，一种鉴赏似的注视。巴黎人对具有这种眼神的人特别欣赏，如果一个女人具有这种眼神，即使她徐娘半老，仍会不失风韵和魅力。好莱坞的演员们都学习这种眼神，认为它具有永久不衰的性感。

对于双方目光的注视交接，人们还有一个约定俗成的规矩。例如，要是有人盯着我们看而被我们偶然发觉了的话，他就有首先移开视线的义务。要是我们在盯牢他的眼睛之后，他不把视线移开，我们就会变得很不舒服，或者感到难堪和恼怒，意识到这里头一定会别有用心。

此外，正像其他的肢体语言一样，不同的民族，不同的文化，会对同一种眼神产生不同的理解。法斯特教授讲了这么一件事：

纽约市一家高中的校长，亲自经历了这么一件事。有一次，一个在该校读书的 15 岁的波多黎各少女，和一群偷偷地躲在厕所里抽烟的女学生一起，被学校里的管理人员抓住了。她们被带到了校长的面前。那群偷着抽烟的女学生，都是有档案可查的捣乱分子，而这一波多黎各少女过去却从未犯过什么过错。

当校长和这个波多黎各少女谈话时，她一直低头盯着脚下的地板。校长让她抬起头来时，她拒绝正视校长，处在一种很明显的因犯了错而心虚的认罪状态之中。于是，校长断然认定她和那群偷着抽烟的捣乱分子一样，触犯了校规，勒令她和其他人一起退学。校长事后告诉别人说："虽然她没有承认什么，但她的态度不正常，她看上去很顽皮和可疑。因为她不敢看着我，不敢和我的视线接触。"

退学的处分决定公布后，少女的母亲和邻居们都很不平，认为她是一个行为端正的好孩子，是学校冤枉了她。结果，所有波多黎各的学生们的家长在学校示威游行，而一些不良分子就趁机煽动，造成了一次暴动。

幸好，学校里有一位名叫福乐士的教西班牙文学的老师，他了解一些波多黎各文化的基本特征。于是，他找到校长，向校长解释说："在波多黎各，一个有教养的女孩是不能向大人正视的。那个少女这样做，是尊重和服从你校长的表示。要她正视你，就像强迫她做不正当的事一样难以办到。"

幸运的是，这位校长是个勇于认错的人。他把少女的父母及其他示威游行者一起请进了办公室，再一次讨论了这个问题。于是，校长明白了，那个波多黎各少女逃避他的眼光，并没有反抗他的意思，而是出于一种端庄的态度。而她那种看来顽皮的样子，却是一种羞怯的表情。校长终于了解到那个少女其实是个温柔而又可爱的女孩子。

波多黎各少女低视地板的目光，发出的是这样的肢体语言："我是一个好女孩，我尊敬您和这个学校。因为我太尊敬您，所以无法回答您的问题，所以不敢大胆地正视您。也因为我太尊敬您了，因此不能护卫我自己。但我的态度已向您表明了这一切。您会理解我的。"可惜，由于文化的不同，校长反而把她的肢体语言误解为:“我藐视你,我讨厌回答你的问题。我不对你正视,因为我是个不诚实的孩子,我要狡猾地逃避你的所有问话……”

如果我们撇开不同文化造成的差异,就一般的情况来说,逃避对方的视线,是由这样一种心理活动造成的:“如果我把对方摒弃于视线之外的话,对方大概也看不到我吧。”这和鸵鸟把头埋进沙子里,以为自己看不见对方,对方必定也看不见自己一样,实属掩耳盗铃的伎俩。不过,在事实上,躲避他人视线者,的确极不愿意看到对方,同时,他心底里也根本不想让对方盯着自己。心理学上认为,这种现象是由投射(projection)心理所促成的。

根据不久前开始的心理学研究,人类的视线还有着另一种非常有趣的内在意义。这项研究,就是“交流分析法”(Transactional Analysis),简称为 T. A. 。

“T”就是一般所称的交流,即人与人互相间在心理上的“发出”和“接受”的应对状态。T. A. 这项心理学上的最新理论,不但剖析了人际关系间在情感交流中、在精神分析上所产生的真正的意义,并应用到了心理治疗的实践中去。

在“交流分析法”中有一条理论认为,在人的内心中一定有 P、A、C 三种要素存在。这三种要素所占的比重的大小,是根据不同的时间、场合而变化着的。

P——做父母的自我状态。即体贴孩子,具有爱心的父母亲的心理状态。

A——指成年人的、特指有能力用理智来判断事物,并冷静分析的成年人的心理状态。

C——儿童的心理。即所谓童心,对事物有强烈的好奇心理等。

我们在不同的场合中,因为面对不同的对象,所以内心中的

P、A、C 三种要素必定会产生各不等的作用。比如，当我们和自己的子女说话时，P 因素就增值，我们的肢体语言会流露出“爱”的信号；当我们和同事相处时，内心 A 的因素就占主导地位；但当我们欣赏电影，或听科学家作科学考察报告时，C 的因素又会膨胀起来。当然，有时也可能两种因素同时统御着内心。

那么，这 P、A、C 三种内心因素和视线有什么关系呢？因为眼睛是心灵之窗，内心三因素的强弱变化，必然会引起你的视线的变化。当我们处在 P 的状态时，根据一般观察分析的结论显示出，视线大致上是从上往下的。做父母的以保护性的姿态“俯视”孩子，而摆出说教的口气训导孩子时，正是 P 因素的机能发展到极点的症状。当然，相反的是，在 C 状况下，视线是由下往上的，即“仰视”的状态，通常他们的脸也是向上仰的。而在 A 的场合时，视线是平行的，脸当然也是相对互视的了。

所以说，视线的动向，能够相当正确地指示出一个人内心处于何种因素为主导的自我状态中。换句话来说，当时这个人是处于对下的优越感中，还是囿于对上的恐惧感中，或是具有平等的同辈感。

除了以上所述的视线的方向外，注视的时间的长短，也大有奥妙。

哥本哈根的尼尔森博士为了研究视觉沟通的功能，在他的《自我对质》研究中，曾对“注视”加以分析。为了发现被访者对访问者注视的时间有多久，他用录像机拍摄了访问的全过程，并另用慢动作重放了好几遍。

他在研究之前，对一个人会注视对方多久，并没有一个清楚的概念，所以当他分析录像后，发现双方在整个访问和被访问过程中，互相用于注视的时间那么少时，不由得大吃了一惊。从录像上可以清楚地看到，接见者注视访问者的时间，最长的也只有谈话时间的 27%，短的则只有8%，至于在其余的时间里，他的眼睛是看着别处的。

尼尔森博士发现，一个人说得越多，看对方的时间就越少；听得越多的人，看对方的时间也越长。他对这一现象甚感意外。

他发现，当人们开始说话时，一定先把眼光从对方那儿移开。在说、听、看和移开视线之间，有一个很微妙的定则。多数人在刚开始说话以前，或第四句话开始以前，会移开目光转而看别的地方；少数人第一句话说到一半时就错开目光看其他地方；而当话说完时，半数人又会把目光挪回来注视着对方。为什么这么多人不肯在整个谈话当中始终望着对方呢？尼尔森博士认为，就是一种避免分散注意力的方法。

艾克斯莱因博士在德拉瓦州立大学里，提出了另一个研究报告。他所研究的对象是40名男学生和40名女学生，他们都是大学的一二年级学生。艾克斯莱因博士派一名男性研究生访问其中的20名男生和20名女生，同时又派一名女性研究生访问其余的40名学生。半数的男女学生被这两名研究生问及一些比较切身的问题，比如理想、欲望、需求和恐惧什么；而另外半数的男女学生则被问及有关消遣方面的兴趣，比如读什么书、看什么电影、爱好哪项运动等等。

艾克斯莱因博士发现，那些被问及私人切身问题的学生，两眼望着访问者的时间很短；而另外一些讨论消遣兴趣的学生，望着访问者的时间就长得多。而无论是问及私人问题还是消遣兴趣的两部分学生中，女学生望着访问者的时间要比男学生为多。

在对这些男女学生以及其他人的实验中，艾克斯莱因博士发现了类似的情况：即一个人在说话时把眼光看到别的地方去，通常表示他还在表达着他的意见，不想让别人打岔。要是他中止了谈话，把眼光凝视着对方，这就是他已经把话说完了的信号。如果他中止谈话后，并不把目光望着交谈的对方，这就是说他的话还没讲完，不过是暂时停顿一下，想听一下对方的反应或考虑一下以后的话该怎么说。

若是一个人正跟你讲话，你没有听完就看别的地方，这是在表示“我不完全赞同你所说的话，我的想法和你有点出入”。

要是你在说话时一味看着别的地方，可能是在表示“我对自己所说的话并没有十分的把握”。

当你听别人说话时，全神贯注地凝望着对方，这信号是在表示“我对你所说的非常感兴趣”。

当你对别人说话时定定地望着你的听众，这信号似乎是表示“我对自己所说的话相当自信”。

你不望着对方而看着别的地方，也表示你内心有隐匿的成分。如果你在他望着你说话时看别的地方，你的信号同时在表示“我不想让你知道我心中的感想”。要是这个正在说话的人很吹毛求疵又好侮辱人的话，那么，这个解释就特别正确。就像鸵鸟把头埋在沙里一样，顽固地认为“如果我看不到你，你就伤害不到我”。所以当你责骂孩子时，孩子常不肯望着你，就是基于这个道理。

当然，有时还会有另外的意思。比如，一个少女移开眼睛不望着你，是因为她钟情于你，而又不好意思看你才产生的。也有时候为了欺骗对方，我们会故意地望着他而不移开自己的目光。

除了注视的时间的长短和视线投向的方向外，眼皮的开闭也会发出众多的信号。除了前面曾提到过的法国人认为的“睡眼”外，伯威斯特博士提到，他曾对 5 名年轻的护士做了一系列的实验，她们竟然做出了 23 种有明显不同的眼皮开闭的姿态。然而，在这 23 种姿态中，只有 4 种是有“实用”意义的。伯威斯特博士把这 4 种姿态归纳为：“睁开的眼”，“眼皮下垂的眼”，“斜视”和“紧闭的眼”。

伯威斯特博士又从相反的方向做实验，让一群女孩子们照样模仿做那 23 种眼睛的姿态，结果很不理想，大部分女孩子只能做出 5 种，只有一个人能做出 5 种以上姿态。他再换一群男人来做同样的实验，结果他意外地发现，每个人都能仿照着做出至少 10 种的姿态。而且，男人对眨眼竟然非常拿手。有的男人能做出 15 种不同的姿态。更有甚者，其中的一名似乎有特殊的肢体语言表情的天赋，竟然做出了 35 种不同的眼皮姿态。

伯威斯特博士又对不同文化的人做了实验，发现日本人里男女能照着做的眼皮姿态的数目相差无几，而日本人也承认，他们能从别人的脸上识别出比自己想象中还要多的眼皮姿态。

我们在前文还提到过眉毛的不同姿态，可达 40 余种之多，如果它们再加上额上的皱纹排列组合起来，就更是变化无穷了。所以，要是每种组合都有不同的意思，那么，我们用眼睛和眼睛周围的皮肤，就可以构成无穷无尽的信号了。

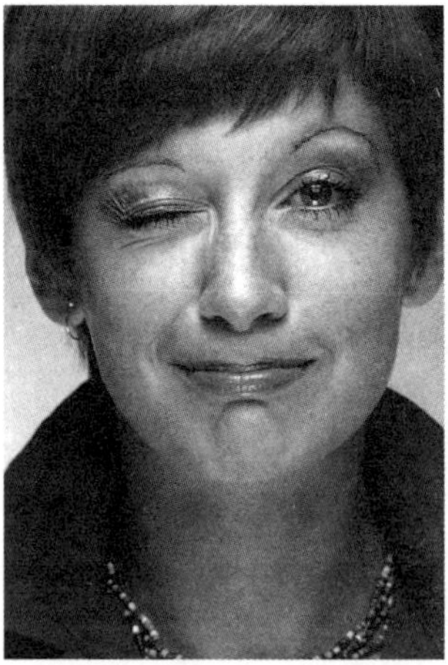

有时候，睁一只眼闭一只眼，暗示着一个我们可以分享的秘密。

不仅如此，我们还可以利用小道具和自己的手，来使眼睛发出的信号更为丰富。例如，让眼镜滑到鼻梁上，目光从镜片上端望向对方；用两手捂住脸，从手指缝里窥视对方；用一只手揉着眼睛，却用另一只眼看对方……如此这般，层出不穷。

人类的内心世界是异常复杂的，如果眼睛不是具有万花筒的本领，能做出千姿百态的动作来，它又如何担当得起“心灵之窗”的美称呢？!

人类常戴的假面具

我们常用许多方法来保护我们的身体防区和空间，假面具的运用便是方法之一。

我们有意识地表露在身体外的一切，很少是我们的真面目。每个人都像是经过了训练似的，使他们身体的某种不协调的动作，掩盖住自己内在的真面目，容易使人产生“横看成岭侧成峰”的错幻感。要是有人完全把他们的感受诚实地袒露出来的话，那才是咄咄怪事呢。

人类是从什么时候开始戴假面具的？《圣经》中说，当夏娃和亚当受蛇的诱惑吃了禁果以后，就再也不敢看上帝了，他们开始为自己的赤身裸体而害羞，便用树叶来掩蔽自己的身体。大约，当人类穿上第一件用树叶做成的衣服来遮蔽自己的身体时，他就懂得了戴假面具的用处。

高尔曼博士在他的一本题目叫《公共场合的行为》的论著中说，人类所戴的假面具的最明显的证据，便是为了改变自己在他人眼中的形象，而选购各种衣服，制作各种发型。高尔曼博士相信，在公共场合之中，一个优秀的国民必然是：衣服整洁、胡子刮得很干净、头发梳理得很整齐、手和脸都洗得很清洁。

高尔曼博士的这部专著是在好多年之前写的,所以他没能预料到,当今世界的年轻人出现了留长发、不刮胡子、爱怎么打扮就怎么打扮的自由化趋势。看来,如今世人已从见怪不怪到渐渐地接受了年轻人的这种反传统的作为,并使这种趋势也有了大致上的准则,这种准则也顺应了一般人的想法。

为了保护自己,我们日复一日地用假面目掩饰着自己的赤裸裸的人性,小心地控制自己,以免我们的身体不经意地泄露出隐藏在内心的真情实感。我们经常微笑,因为微笑不只是快乐和幽默的表示,也是道歉、防卫和谅解的表示。

在拥挤的餐厅里,我在你的旁边坐下来,一个微笑就表示:“我没有侵犯你的意思,但这是唯一的空座位,请别为我坐得离你如此近而见怪。”

在街上不留意踩到了别人的脚,微笑就表示:“对不起,我不是故意侵犯你,请你原谅。”

在公共汽车上,因为车子的紧急刹车而撞上了其他的乘客,微笑就等于在说,“我没有伤害你的意思,刹车使我身不由己,请你谅解。”

从上述的例子可以看出,即使在微笑的后面,亦隐藏着些许愤怒和不耐烦,可我们还是每天在微笑。在工作单位里,我们对领导、对同事、对下属微笑;回到家里,我们对儿女、对邻居、对妻子或丈夫、对亲戚或朋友微笑。事实上,真正发自内心的微笑很少,大都是我们所戴的假面具而已。

我们不仅在脸上戴着假面具,我们的整个身体都戴着假面具。女人用特定的坐姿来掩饰性感,裙子太短的时候尤其如此。男子穿紧身内裤来掩饰性器官,女人用胸罩固定乳房。我们站得笔直,整齐地扣上衬衫的扣子,拉上拉链,用腰带来束腰,戴上墨镜等等。

凝固式微笑是一种最常见的假面具。

我们去赴宴时，我们在教室里时，我们参加葬礼时，我们进入监狱时，脸上会出现各种不同的表情，形成了一个个不同的假面具。

很多国家都有这样的习俗，不管新娘子心里有多么欢悦，临出娘家门时一定要哭上一阵。这哭泣，也是我们的一种假面具，以示女儿对娘家的恋恋不舍。

在战场上，身边的战友饮弹身亡了，为了掩饰我们的悲伤，常常用愤怒来取代。当我们在工作中遭到了失败，为了掩饰自己的无能，会用一种无所谓的神情来表示。假面具的形式真可谓多种多样啊！

菲立普博士在《监狱礼节》这本书中提到，新进监狱的犯人都会做出一副漠然的样子，伪装成感觉迟钝，使人产生一种此人十分平庸的印象。当这人伪装了一天漠然的样子后，如果把他单独关在一间房内，他却会做出一种敏感而又夸张的笑容，还会用狂笑以及咬牙切齿的憎恨来面对监狱的警卫人员。

当然，一直戴着假面具也是一件比较费力的事，我们难免会在心力不支或特殊情形下，由于不在意而把它忘却或抛弃。在某些时候，比如下班的公共汽车上，我们偶然会遇到一些工作了一天，因身心疲倦而暴露出一点真面目的“雅士”。

那些垂危的病人，那些被绑赴刑场的死囚，在结束自己的生命之前，都会抛弃戴了几乎一生的假面具，而暴露出他那赤裸裸的本性。我们也常常看到这样的例子，一对情投意合的情侣在结婚后，却吵得不可开交，最后导致了离婚。为什么？因为在谈恋爱时，为了取悦于对方，互相都严严实实地躲在自己的假面具背后。一旦结婚，目的已达到，便不知不觉地撤去了樊篱，在共同的夫妻生活中多少露出了一些真面目，以致发生了碰撞和摩擦。

在有一种情况下，人们往往不想戴假面具。这就是，当你驾驶着自己的小汽车时。这时候，我们的身体的领域扩大强化了，如果有人忽然冲到我们的面前，或紧跟在后面，我们就往往会失去控制地大骂对方，往常那副彬彬有礼的假面具不知被丢到了哪里。事后，我们又会对自己的失态感到惊讶。为什么我们为这种微不足道的事大发雷霆呢？一辆车子在我们前面闯过，或紧追着我们，又有什么大不了的关系呢？

其中自有道理。因为我们在车上时，有一种和车合为一体的潜意识，以为我们只是这“一体”的一分子，这时候新的“我”当然不大会有对自己全权负责的心理，于是本来戴假面具的需要或多或少减弱了，甚至于消失了，所以我们对他人侵入自己这一领域的反应，就会比往常强烈得多。

另外，年龄增长到一定程度时，我们会越来越觉得戴假面具亦非易事或必要。有些女人，一生仗着一副漂亮的面孔取得别人的好感，可是一旦到了人老珠黄时，她会为化妆品无法掩盖自己的苍老而烦恼。年纪大的男人却听其自然，任意让脸皮松弛。到年纪更大时，面部抽搐、脸颊深陷、眉头皱得永远无法拉平，深刻的皱纹如刀刻斧镌般更无法消除。到了那时候，有些老人厌倦了假面具，开始流露出某些真相，甚至因年老糊涂，像孩子一样不再善于戴假面具了。于是,他们的肢体语言更多地暴露出了真实的人性,我们习惯把他们称作"老天真"。

不过,除掉假面具后,人就像扔掉了束缚,往往会控制不住自己,因而有时会做出有悖于人类社会道德或秩序规范的事来。由此可见,戴上某种假面具是必要的。

在心理医院治疗中,假面具经常被废弃不用。精神病人和年老的人一样,拒绝戴假面具。高尔曼博士提到,有一次,医院中一个病情日渐严重的女病人,把内衣穿反了,感到很不舒服。于是,她在众目睽睽之下,先高高地拉起裙子,想把内衣拉正。当这样做仍无法把内衣弄正时,她干脆把衣裙都脱了,放在地板上整理好后,再若无其事地把衣服穿好。

像这种置人类惯常习惯于不顾的行为,脱下衣服后,不在乎别人对她的赤身裸体有什么看法和态度的做法,是心理变态的前兆。反过来说,心理变态康复中的病人,会渐渐地注意起他自己的外表及服饰。

近乎心理变态的行为,会导致病人与现实脱节。他说话经常混淆不清,往往离题万里或牛头不对马嘴,叫别人无法了解。他所使用的肢体语言,也常常令人看了感到丈二和尚摸不着头脑,不明白是在表达着什么意思。当他的狂态发泄出来时,每人都恐逃之不及,而他内心所承受的压抑,会因为世人对他的逃避而越发加重,这恶性循环的发展,最终使他再也不在乎别人会怎么看待他了,他彻底丢弃了假面具后,便会变得为所欲为。

只是人们对于假面具的需要总是过分,因此它几乎已成为自我的一部分而很难卸除。只有在某些情况下,我们才会暂时卸除假面具。例如,夫妻同房的时候,为的是要饱享其中的乐趣。即使如此,多数人还是要在熄了灯、完全黑暗的环境中,才敢"脱掉"假面具。我们过于害怕肢体语言会对我们的情侣泄露太多的真相，或者害怕我们脸部的表情告诉别人太多的“内幕”，所以我们完全把“性”的视野封闭，并且用道德作挡箭牌。即所谓：“用眼睛看是不文雅的”，“性器官是丑陋的”，“好女孩白天不做这种事”，等等。

对某些人来说，黑暗仍然不足以使他们卸下假面具，即使在黑暗中做爱的时候，他们还是戴着假面具来保护自己，这种情况，会造成一定心理障碍，可以成为不少妇女性冷淡的理由之一。我们社会中很多需要戴假面具的情况，都可以在有关社交礼仪的书中找到。它们会告诉你，哪些行为是适当的，哪些行为是为社会所不容许的。有一些书中就极详细地告诫人们，在公共场合擦脸、剔牙、挖指甲、掏耳朵和鼻孔是不礼貌的。

在过去的年代中，欧洲一些贵族女子学校，就是专门教育那些千金小姐们如何在社交场合里使用自己的假面具。中国传统的礼教所制订和倡议的种种礼仪，实际上也是一副又一副的假面具。

我们对于戴假面具的知识，部分来自我们固有的文化习俗，部分得自有意的教导。虽然戴假面具是全人类一致的现象，但戴假面具的技巧却因为各国文化的不同而异。

在任何文化环境中，人们总有因某一原因而不戴假面具的时候。第二次世界大战时期，犹太人很容易察觉到纳粹党徒投向他们的嫌恶的目光；南非的黑人同样能感觉到白人对他们的鄙视的视线。这种赤裸裸的毫不掩饰的敌对眼光，在纳粹党徒互相之间，在南非白人和白人之间，除非在非常愤怒的情况下，是不会有的。

纳粹党徒和南非白人种族主义者之所以会如此肆无忌惮地卸除假面具，是因为他们根本不把犹太人和黑人当人看，就像对牲口一样可以随心所欲地处置他们。

在我们人类社会中，小孩和仆人也经常被视为“非人”，我们总会有意无意地觉得在“非人”面前，不必使用假面具。我们不必担心会伤害到一个“非人”的感情，他们既不是人，又如何能对伤害有所感觉呢？

还有一种态度常被归于“阶级定位”。社会中高阶层的人会以对“非人”的态度对待较低阶层的人。老板对他的伙计、女主人对她的仆人、父亲对他的孩子……在这种场合，都会认为戴假面具是多此一举的。

有一次，法斯特教授和他的太太到一家餐馆吃饭，和他们隔着一张桌子的地方，坐着两位老妇人，正在饮鸡尾酒。不论是从这两个老妇人的发型，还是从她们所穿的裘皮大衣来看，都在无声地散发着“富有”的气味。她们的举止神态，更显示出了这一点。

在拥挤的餐馆里，她们旁若无人地边喝酒边高声谈论着。她们谈话的声音，几乎能传遍餐馆的每一个角落，而她们谈话的内容却多属隐私之事。其他的客人在这种难堪的情况下，只好装作没听见，或者低头用餐，或者表示“我们正在专心于我们自己之间的谈话”，使这两个“贵妇人”与自己不相干。

在肢体语言的词汇中，这两个妇人在表示：“你们大家对我们两人来说无关紧要。事实上，你们都不是真正的人，而是‘非人’。所以我们高兴怎样就怎样，也不会有人会受到干扰。”

顺便一提的是，这两个“贵妇人”不是用身体，而是用音量来传递这种信号。谈话的内容是无关紧要的，问题是传递声音的方式。从肢体语言的角度来看，一个人不论他在说些什么，他说话的音量的高低、速度的快慢、声调的抑扬顿挫，也是一种肢体语言的信号。比如说，心情紧张的人，说话会结结巴巴；心情激动的人，说话的速度会变得很快；而具有优越感的人，会在对他下属的说话中加入许多毫无意义的“嗯嗯啊啊”声，或故意把说话的速度放得很慢，即俗称的“打官腔”。

以上所说的，都是一些去掉假面具的情形，这种情形有时候对别人几乎构成侮辱。

在很多情况下，我们戴上假面具是因为有其必要。有时候，我们不论用何种方法卸除假面具，都是一件危险的事。

当我们漫步在街上，从一个乞丐身边走过的时候，如果我们不想施舍，总把眼光移开，假装没有看到他。如果我们把乞丐当作与我们一样的人看待而不戴上假面具，那么我们不但要面对自己的良心，还要去面对他的乞求，以及一些可能带给我们的难堪。

如果我们在人群拥挤的街上偶尔碰到熟人，也只得戴上某种假面具，因为那儿人太多了，没有时间多作寒暄。如果我们是在清静的地方碰到熟人，就可以随意交谈，而不必使用某种假面具了。

在阿拉伯国家，戴假面具的行为也许有其生理上的原因。女人习惯于戴面纱，主要是隐藏她们真正的情绪，也可以防止男人的侵犯。在有些国家，有些肢体语言的使用已经驾轻就熟。一个男人只要受到极其轻微的鼓励，就会想方设法去亲近那个发出信号的女人。面纱可以用来掩饰女人俏丽的脸部，然而，一旦女人撩起面纱去看一个男人，无意间便发出了勾引的信号。在17世纪的欧洲，女人使用扇子和有柄的假面具，也是为了同样的目的。

根据国外心理学家们的深入研究，发现有许多情况显示出，有时候假面具可以用来作为精神虐待的工具。

安妮和罗夫结了婚。罗夫是一个上了年纪的男人，受过正统的教育，他总是直觉地感到安妮的社会地位、才智和他不相配。尽管他认为安妮是个美貌的好妻子，他以一种奇怪而又堕落的方式去爱她。他总是跟安妮玩一些他自己想出来的怪花样,可以说,那是一种错综而甚为精确的假面具游戏。

罗夫每天下班回家都有一种成型的习惯,安妮必须在6点半,准时把他的晚饭准备好等着他。罗夫在6点钟到家,先梳洗后,再看看晚报,直到6点半,安妮才叫他吃饭。

罗夫吃饭时,安妮坐在一边,偷偷地看着他。罗夫知道她在看自己,安妮也晓得罗夫察觉到她在看他,可是两人都从来不承认这件事。

罗夫在吃饭的过程中,总是从不对饭菜的好坏表示出自己的意见,使得安妮不安地在脑海里回想汤的制作情况,她会觉得吃什么都没有胃口。罗夫喜不喜欢这些食物?如果他不喜欢,安妮就晓得会有一个充满斥责或冷冷清清的夜晚要度过了。

所以安妮总是一边提心吊胆地吃饭,一边老是望着罗夫那张毫无表情的脸。她心中怀疑着自己是不是在烹调的时候出了差错,也许是调味品放多了或放少了。对,一定是这个原因!想到这里,安妮的心直往下沉,全身因痛苦而紧张万分。罗夫一定不喜欢把菜做成这个样子,他的嘴角不正露出一丝冷笑吗?

罗夫还是继续表演着,脸上仍然毫无表情,把安妮搞得死去活来。过了好久,他突然微笑起来,表示自己非常欣赏这顿晚餐。安妮顿时觉得生活是美妙的,罗夫是爱她的,而她自己是多么的快活。她顿时觉得胃口大开,重新开始高兴地吃起饭来。

罗夫小心地操纵着他的假面具,又把何时发出肢体语言的信号定好了时间,设计了一种巧妙的折磨安妮神经的方法,然后,再加以奖赏。

在晚上,他俩上床之后,罗夫又重施故伎。他从来不向她暗示他有什么欲求,或者他是否想跟她做爱。于是,安妮又坠入他精心设计的游戏中了。她会猜:“他要我吗?他仍然爱我吗?如果他拒绝我,我将多么难堪。”

最后,罗夫把身子靠近她,安妮情不自禁地又激发起一阵狂喜。

关于安妮是牺牲者呢还是顺从的合作者,这个问题不必由我们裁决。我们所要考虑的重点是这种用假面具来折磨人的方法。在安妮和罗夫这种“被虐待狂和虐待狂”的关系中,他们却都由于这种奇怪的方式而得到了快乐。

不过,如果一方不是心甘情愿的“被虐待狂”,那么,事情就会成为另一种样子,甚至酿出一场悲剧来。戴上假面具往往能在交往中得到优越感,不论他因此而获得的利益是实际的,还是虚幻的,都使他更喜欢假面具,而死死地不愿把假面具卸下来。不过,我们靠假面具所得到的,是否跟因它而失去的一样多呢?

法斯特教授举过这样一个例子:克劳黛是个30岁出头的女子,长得丰满而又苗条迷人。由于她在一家大投资公司工作,因工作之便,经常接触到许多男人,也有很多约会。可是,她一直还是一个单身女郎,而且仍是个处女,尽管她很不愿意承认这一点。

克劳黛坚持说,她不需要男人,其实却是“狐狸吃不到葡萄而说葡萄酸”。她是个很热情的女子,对未来的老处女生活感到由衷的颤栗。为什么她不能与男人发生爱情和性关系呢?这连她自己也弄不明白。而曾经和她约会的男人们,却十分明白其中的原由。

“她总是把你的热情熄灭掉。”其中有一个男人抱怨说,“真是活见鬼!我喜欢克劳黛,她工作很能干。我也约她出去玩过。可是，当我愿意把我们之间的关系进一步发展下去时，她却把自己的情感冻结了起来。当我想拥抱她或吻她的时候，她的表情却清楚地在告诉你，‘不许碰我！’唉，谁需要一个中看不中碰的陶瓷姑娘做女友呢？”

为什么克劳黛不愿以一个温柔而又热情的女人的形象出现在她所爱的男人面前呢？原来克劳黛生活在被拒绝的恐惧之中。她生怕自己的热情流露出来后，一旦遭到对方的拒绝，那将多么丢脸啊！所以她为了不被别人拒绝而采取自己先拒绝别人的做法。

克劳黛的假面具完全是多余而且有害的。但是，社会上毕竟还有许多需要戴假面具的时候。如果一个少女对一个陌生的小伙子一见钟情了，她马上扔掉假面具，去向小伙子表现自己的热情的话，那小伙子可能会被吓得扭头就逃，会认为自己所见到的是个极不正经的女人。

在适当的时候，人们通常都会卸下假面具。如果你想进一步增进及发展与他人之间的关系，或者你想多得到一个知音，更须完全去掉不必要的假面具。而我们现在碰到的最大的困难是，由于我们戴了一辈子的假面具，早已习惯了它，如果一下子要卸掉它，实在是件很不容易做到的事。

也有的时候，因为我们有了其他的伪装，才敢于把假面具拿下来。比如，当一个人穿上了小丑的服装去表演的时候，就能抛开平常的拘束而放松自己，尽情地开玩笑和做出各种随心所欲的动作来。也有的人，利用喝酒的机会，用假醉来作伪装，畅畅快快地倾吐心中的怨恨或苦衷。

让我们从不必要的假面具后面解放出来，敞开我们的心灵，真诚地去和人们交往！

行为转移和心理转移

不知你有没有这样的经验：当你正在做某件事情，而又因为什么原因而做不下去的时候，你会暂时停止，做出许多其他的动作来。有时会给自己泡上一杯茶，悠然自得地喝起来；有时会一支接一支地抽烟；有时会突然意识到地板脏了而去擦洗地板；有时又会去准备菜肴，尽管离烧饭的时间还早着呢。反正，你会去做一切与你刚才正在做的事情毫无关系的事情。

这些看来莫名其妙的行为，在肢体语言的词汇中表示着什么呢？它反映出了什么样的内心隐秘呢？

如果你遇上一个诈骗者，你一定会在上当后非常憎恨他；但如果你遇上了一个魔术师，尽管他的表演也是一种骗术，你却会很佩服他。但是，如果告诉你，你在做某件事情遇到困难后，放下它去做其他的种种事情，是一种自我欺骗的话，你会憎恶，还是欣赏呢？

从某些方面来说，我们大多数人的内心都潜伏着一个古老而又狡猾的“诈骗艺术家”。它非常精于自我欺骗，几乎没有人会怀疑他是在自己欺骗自己。

肢体语言发出的信号，正在不断地揭露这场骗局。因为人类往往会用行动转移和心理转移的办法来逃避内心的不安、恐惧等情绪。

一个人用其他的行为来代替他本该做的行为，这一方法就称之为“行为转移”。幻想可能是孕育出新思想、新观念的泉源，但同时也可能成为逃避问题的心理工具。我们是具有高等智慧的动物，有发达的思维能力，所以时常会利用幻想来作为转移注意力的手段。我们可以纯粹经由思想的过程来逃避问题，有时还会创造出一些复杂的方法，来幻想些不切实际的东西。这就称之为“心理转移”。无论是“行为转移”还是“心理转移”，都是一种自欺欺人的做法。这种心路历程，也必然会在肢体语言中无意识地流露出来。

当情绪无法直接发泄时，就会出现转移动作，如图中这个人，为了表示自己的愤怒而用拳头猛击讲台。

一个人的一举一动，在绝大多数的情况下，都含有非常明确的肢体语言的信号，可是，有时候一个人也会做出些几乎毫无独立意义的动作来，这些无意识的动作，说明了什么呢？

日本某中学的一位教师，曾向石川弘义教授谈到过这样一条经验。当新学生进了中学，组成一个新的班级时，必须选一些学生担任班长、各科的科代表等。但是，学生都是新的，互相并不了解，如果光以小学毕业的鉴定来选拔，亦有一定的局限性和片面性。怎么办？幸亏这位中学教师是个拥有15年教学经验的老资格教育家，具有优越的观察力。他能通过学生的行为表现，对他们的领导能力做出正确的鉴定。

他的经验大略有以下三种：

(1) 仔细倾听他人说话，而且也能在恰当的时候，表示对说话者赞同的学生，是领导人物的类型之一；

(2) 与他人谈话时，两脚不是抖动就是踩动地板，或以铅笔敲击桌面，这种无意识的行动常可在学生身上看到，而在与人谈话时，极少有这些动作者，是领导人物的类型之二；

(3) 当全班的同学对某件事的意见一致时，尽管他心里有不同的看法，也绝不会贸然地提出反对的论调者，是领导人物的类型之三。

以上的第一点和第三点乃是顺理成章的。这在研究成年人的领导阶层时，早已被公认为是领导者必须具备的特征。但这第二点，却引起了石川弘义教授的特别兴趣。

从肢体语言的角度上来看，第二点的内容是相当受到重视的。此类丝毫不具备任何独立意义的行动，会随着年龄的增长而渐渐减少。换句话说，心理发育越是成熟的人，越少此类无意义的行动。

但值得注意的是，与谈话内容毫无关系的行动，在肢体语言方面所代表的意义是："我并不在听你唠叨。"这无意识的动作表达出的是一种厌恶对方的无言的信息。

所以在听对方谈话时，不停地抖动着脚，不停地玩弄铅笔，或津津有味地嚼口香糖，是一种"行为转移"。即，他把"听"这一行动，转移成抖脚等无意义的行动了。透视这一肢体语言的表现，我们还可以看到他的“心理转移”，十有八九他把听对方话的心思，抛到了九霄云外。此刻，他大概正在想着自己感兴趣的事儿吧！

当人身处紧张的社交场合，往往会出现搔头这类转移行为。

这种现象，我们可以用来裁定一个报告会的演说者的讲演是否成功。当一个讲演者的报告非常生动有趣或深入人心时，在听众的身上绝少会出现那种无意识无意义的动作；反之，如果这个报告是枯燥无味的，或尽是空洞的大道理，就会在听众身上明显地反映出来。他们会把他们的行为转移成看小说、剪指甲甚至打瞌睡。采用心理转移法者，会去想自己的心事，甚至做“白日梦”。

行为转移和心理转移的方法如果巧妙地运用在适当的场合，也会收到理想的效果。

比如，有时候，在特殊的情况下，你不得不跟你所讨厌的人谈话。但是，你的内心却想尽快地结束交谈。这时候，你就可以用行为转移和心理转移的手段，来达到尽快结束交谈的目的了。

进行交谈的过程中，你经常把手放到嘴上，并不断地交替盘腿，用手指搔鼻端和耳朵，或者以手帕拭脸等等动作，使对方明白，虽然你表面上还在听他讲话，但你的心理上已经出现了障碍，因为你已经转移了行为。如果他还不明白的话，那你不妨来个心理转移，表现出心不在焉的样子，相信他很快就会兴趣索然地中止那烦人的谈话。

社交聚会时常会令人感到紧张，小吃小喝可起到一些转移、缓解的作用。

实际上，无论是产生了行为上还是心理上的转移行为，都是由于心理上的障碍而造成的。根据心理学专家们的研究，不但由于心理障碍，即使是心理上的不满足，亦会造成一系列的转移行为出现。

日本有一位著名的服装设计师曾透露过一项有趣的秘密：冲动性的购买欲最强烈的是私人诊所医生的夫人。她们对日本一般男性顾客都会为之瞠目的新潮服装，也会不加考虑，出手几十万日元而买下来。

为什么呢？那位著名的服装设计师分析道："私人开业的医生，是属于二十四小时的全天候工作者。在这种职业环境之下，身为医生太太就不得不在日常生活中充当医生的助手，使医生太太常常会觉得浑身都处在极度的'欲求不满'的状态之下。"

当紧张感和欲求不满的心理状态达到饱和程度时，激求不满的原动力即向各方面转移，去找寻"发泄处"。冲动性的购买行为，就是这种心理原动力发泄出来后产生的转移行为。

心理上的不满，却把她们的行为转移到了毫无因果关系的事情上去，这种行为，并不能解决她们的烦恼，其结果只能是越"发泄"烦恼越多。这又是做了桩自己骗自己的蠢事。

这种转移行为,也会出现在其他女性的身上。所以如果当你的妻子一反常态,突如其来地开始大买特买商品的时候,你应该懂得,她正在通过这种特殊的肢体语言,向你倾诉着内心某个方面的不满了。

另外,一个人心理上的满足或不满足,还可以通过肢体语言的变化,转移到食欲上去。“从用膳的态度可以了解一个人的人格。”这是一句从古流传至今的日本名言。事实上,如果你碰上一个狼吞虎咽般吃饭的人,再去观察了解一下他,你必定会发现这是个性子粗鲁的人。而那些胃口并不大、吃起来模样文质彬彬的人,十有八九是个细心而且很有耐心的人。

日本司法省的一个做保护司工作的人调查了一些案例,得到了一个很有趣的结论。

少年 A 君离家到遥远的异乡求学。在调查 A 君在异乡求学时的行为状况时,发现了一个奇妙的特征。那就是,他对吃东西表现出异常的兴趣,并习惯于狼吞虎咽式的吞吃。

当 A 君因盗窃被捕而受审时,他说:“因为我常常肚子饿嘛。”

但是,经过有关当局不断地调查之后,发现他几乎没有任何饮食匮乏的现象。A 君的父亲是个高级公务员,住在东京的高级住宅区内;母亲是家庭主妇。他还有一个姐姐。毫无疑问,他是在不愁吃穿的富裕环境中长大的。

不过,随着深入调查,却发现了一个非常重要的事实。少年 A 君心里有一个疑问:“我好像不是爸爸妈妈的亲生儿子。”而这个怀疑一直深深地印在他的脑子里。

这个怀疑,使 A 君的心中产生不安和恐惧,这种类似“爱情饥渴”的心理,促使 A 君的行为转移到与正常人的行为不同的类型上去了,从而产生了偷盗行为和食欲异常的心理因素。

所以造成肢体行为转移和变化的根源，必定是某种典型的心理因素。

因此，把自己的家整理得一尘不染的、有异常洁癖的人，他们那种不断打扫的行为，就是一种转移行动。他们的内心常常有一种很深的孤独感。

对一个写不出某种报告、心焦不已的人来说，他会一支接一支地抽烟，不停地吃东西、睡觉、玩纸牌、看电视……反正除了写报告之外的一切事情都可使他暂时感到轻松满意。这些种种活动是一个人在遭受压力时的习惯反应。因为他想逃避使他为难的写作，就用其他行为来取代他本该做的事情。由于他沉溺于新转移的行动中，就不用再为原来的工作而忧心了。

如果有两个人都在卖力地干一件工作，表面上似乎没有什么不同之处，而实际上，这两人的心理因素可能是完全不同的。一个人是为了逃避其他的苦恼而拼命以工作来转移注意力；而另一个也许是个艺术家、教师或企业家，他正全神贯注地想用工作来表现自己的创造性才华。怎么来区别这两种人呢？这就要仔细观察和分析他们的肢体语言了。一个想用自己的劳动来创造才华的人，他的肢体语言是数日、数月一贯的，完全符合常规；而另一个想转移苦恼者，他的行为与往常相对比，必然会显示出失常的征候，他的肢体语言信号甚至可以是杂乱无章或毫无意义的。

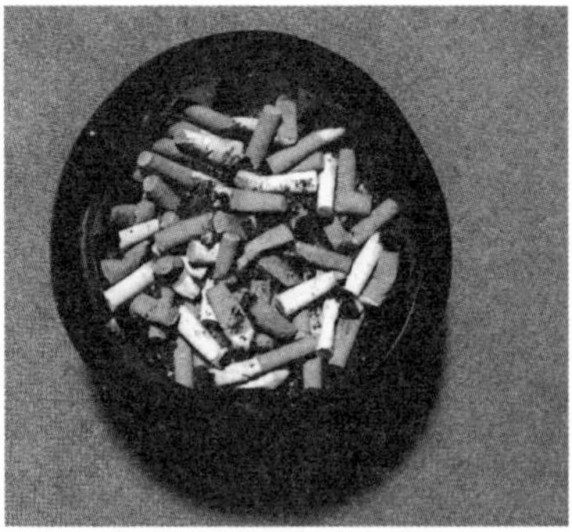

吸烟并不仅仅是对尼古丁的成瘾，它还是一种使用广泛的“转移”动作，给身处压力之中的吸烟者提供了一种有用的出神状态。

肢体语言学浅述

当肢体语言渐渐地被人们熟识和了解之后，它本来只是一种令人感到好奇和新鲜的事，此后便很快地发展成一门科学了。肢体语言学原来只是向我们提供观察研究的粗略的理论根据，而现在则已很快地成为一种可计量的形态符号。然而，不幸的是，作为一种科学，它在被广泛地运用的同时，也往往被人不同程度地滥用了。

肢体语言学告诉我们，人类在心理上受到压迫的时候，必定会把心理上的压抑转移到行为上来，作为精神心态的反射，会因人而异地产生不同的行为。比如，婴儿会吮吸大拇指，男人会咬他的指甲，女人会把双手交叉着横抱在胸前。

所有这些表面上看来有些古怪的行为，作为一个了解肢体语言的人，会十分明确地指出它们的真正含义。婴儿吮吸大拇指，是在寻求回到母亲怀里的安全感而做出的象征性动作。成人如果像婴儿一样吮吸大拇指就无法被社会所接受，必然遭致人们的耻笑，所以就用咬指甲来代替。女人把双臂横抱在胸前，是采取一种防卫姿态，以遮盖和保护她那容易遭受伤害的胸部。

我们就是这样地从好奇出发，去研究这些举动背后的真正意义,最后把它发展成了一门崭新的科学。正像培根所说过的那样:"科学无非是现实的反映。"

好奇的目光常常可以看到比他所希望看到的东西更多。作为一门科学来说,它已不满足于仅仅以好奇的目光所看到的事实,它必须以精确的态度来观察和计量这些形态。比如说,我们已经理解了人们扬起他们的眉毛,或半垂下他们的眼睑表示的意义,这只是从观察中直接得到的皮毛;而进一步地去了解眉毛扬起的正确度数或眼睑下垂的角度,则把观察进一步深入到了精确计量的科学程度。

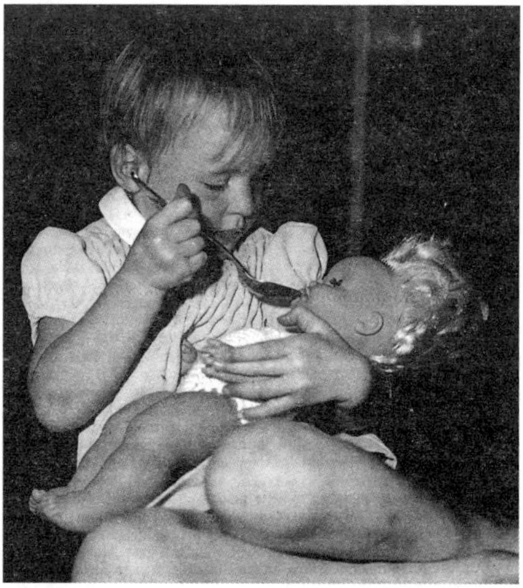

人的身体动作随时都在向他人发出信息,一般说来,年纪越小,动作越夸张。

伯威斯特博士曾经记录过,同样是"眯起眼皮的眼睛",当它分别配上紧皱的双眉和飞扬起的眉毛时,它们的意义就出现了显著的不同。这种记录,亦是一种观察事实的计量性解释,同样姿态的眼睛配上不同姿态的眉毛,就完全改变了脸上的表情。

不幸的是,有的人片面地或局部地去观察某一个姿态,并作出机械的解释,使构成这门科学的肢体语言陷入了被滥用的险境。

例如,通过交叉的双腿,我们能够判断出多少它所表示的意义呢?我们在前面已经说过,在一个家庭中,首先跷起二郎腿的人,是一家之主,其他人不久也会跟着跷起腿来。那么,交叉的双腿也能显示出个性吗？当我们交叉起双腿坐着时，是不是已经给了别人一条知道我们内在个性的线索呢？

事情的解释，并不那么简单。所有肢体语言的信号，都没有纯然肯定或否定的简单答案。交叉的双腿和平放着的双腿，可以是一种了解他人内在个性的线索，也可以用它来判断他当时的心理状态，但也可能根本就没有固定的意义。

我们在前面已经说过，相同的姿态在不同的文化背景中，可产生完全不同的反应，如果我们机械地去看待它，就会因此产生许多误解。除此以外，还有许多姿态由于那人经常不断地使用，渐渐地变成了一种习惯动作——仅仅是习惯，而并不表示其他特殊意义。同样，生理上的原因，也会使人对姿态造成误解。比如，一个人在谈话时不住地搔着鼻子，一定是内心不安的表示吗？也许，他是因为鼻子发痒才去搔的呢？一个人坐立不稳，是因为焦虑不安吗？也许，是因为他身上生了皮炎呢？

因此，把姿态由潜在意识中分离出来，不要去凭空臆测别人的反应，而从有意识的层次去了解人，似乎更有意义。只有那种“穿越过潜意识的思考”，才能使我们对信号得出正确的判断，而绝不能单凭一种潜意识的神会去断然判断一切。

如果我们孤立地从一个姿态去做一个判断，是非常困难的，也常常容易造成失误。然而将各种姿态适当地组合起来，便可以产生一个完整的形象。

记者拜厄到一位女作家家里去采访，她请他坐在一把竹椅上，而她自己却深深地舒适地坐在一张躺椅之中。当时，拜厄心中闪过一丝不高兴的情绪。从肢体语言的角度来讲，她是处于优越的地位上，把拜厄看作是她的从属了。

然而，拜厄的判断错了。她说：“今天我的身体不舒服，没精神，老想躺着。好在你是老熟人了，一定不会见怪。茶几上有可口可乐和橘子水，你自己动手，随便喝吧。”

事实证明，拜厄当时由潜意识所产生的直觉是错误的。她丝毫没有看轻拜厄的意思，而是拜厄没有了解到她当时的生理状态。

接着，拜厄就跟她谈了起来。当拜厄滔滔不绝地谈对一本书的看法时，他发觉她两眼凝视着他，身子略微往前倾，双臂交叉着横抱在胸前。

拜厄又一次疑惑了，在肢体语言的“词典”中，双臂横抱在胸前，是表示拒绝的意思，难道她不同意他的观点？她不想听他说？于是，拜厄兴趣索然地打住了话头。

她双眉一扬，惊讶地问：“你怎么说了一半不说了？”

拜厄说：“我想你不爱听。”

“你怎么知道我不爱听？”

“你双臂横抱在胸前的动作，不正是不同意我的观点的表示吗？”

她笑了，说：“你错了。我对你的观点很感兴趣，听得也很仔细。只是我第一次听到像你这样的新观点，所以一边听，一边在心里分析着，看看你的新观点里到底有多少正确的成分，有多少有失偏颇的地方罢了。”

于是，拜厄又说了下去。一边说，一边仔细地观察着她。这才发觉，自己注意到了她双臂横抱在胸前的姿态，却忽视了她身子微微前倾、两眼凝视着听他讲的动作了。如果把手臂、身子和眼睛的动作组合起来，才显示出了真正正确的含义。

这就给了我们一个教训，即在我们要作任何科学判断之前，必须先了解所有的事实。如果我们要赋予某人某个动作以某种意义，一定先要了解他当时的生理状态。如果我们只看到一个或局部的动作，马上就赋予它一大堆的意义，是一种可怕的错误。

每一个姿态，相当于一个字或词在整句话中的功能。只有把所有的字或词组合成一体，成为一句完整的话时，才能够正确地表达出完整的思想。不然，我们就会犯“断章取义”的错误。所以，单凭观察某些孤立的姿态就迅速地下结论，是不可取的。

比如说，一个人在笑。它表示着什么呢？如果单从“笑”这一动作来看，它表示着内心的愉快。但我们再看他身上的其他动作，发现他的手臂和腿部有紧张的动作，甚至连整个身体也好像是在逃避一种不愉快的处境而变动着。那么，把这一系列的姿态组合起来分析，你就可能得出一个较合乎情理的结论：他的笑，绝不是对幽默的言辞所产生的愉快的反应；相反，这种笑对他来说很牵强，很可能是因受到惊吓所造成的。这种笑，正确的称呼应该是：神经质的笑。

我们把一个个孤立的姿态聚合到一起，就形成了姿态簇。凭着心智配合所衍生的一致的姿态簇，使我们可以了解他人所表现出来的种种态度，从而发现某些意义。的确，我们应该寻找的不仅是可以互补，而且是可以形成一个姿态簇的类似态度。

了解姿态的一致性，就像是使用一种监视装置，透过它可以发现一个人的态度和行为的意义，驱使我们在下结论之前综合观察结果而作进一步的推敲。推敲他人的姿态并赋予意义，初看起来似乎是件有趣而容易的事，然而你不久就会了解到，每一个姿态都可能很快地被另一个姿态所否定、强化或混淆。所以不考虑姿态的一致性而妄加判断，往往是许多失败的例子所产生的根源。

为了描绘出肢体语言的轮廓，使它和这门科学合成一体，伯威斯特博士出版了一本这方面的入门手册，名为《行为解析学导论》。这本书的基本要点是，试图用注解方式把行为解析和肢体语言编辑成一个系统,分解出一切相关的动作,给予它一种符号,就像把舞蹈分解成许多基本动作,再给予每个动作一个符号一样。

结果,符号有点像埃及的象形文字。

因为眼睛在肢体语言的沟通上是最普遍的根源,他就设计“⬭”为全开的眼睛的最佳符号,“—”则是全闭的眼睛。眨右眼就用“— ⬭”来表示,反之,眨左眼就用“⬭ —”来表示了。双眼都睁得大大的就是“⬭⬭”,双眼紧闭就成了“-- --”,等等。伯威斯特博士称这些个别的动作为同族,或称之为可记录的最微小的动作。

伯威斯特博士认为,发展这种肢体语言注解系统方式的第一个前提,就是假设身体所有的动作都含有意义,没有任何动作是意外造成的。要是这一点被接受了,就可以进一步研究每一个动作,它的意义以及标示它的方法。

然而,这种基本假设是一种令人难以接受的假设。“没有任何动作是意外造成的”,这一点设想得太绝对化和理想化了。也许,搔鼻子是表示着不同意,但也可能是因为鼻子痒,还有可能这是他多年形成的习惯动作。总之,这就是行为解析的真正困难之处,我们必须仔细地去分别出有意义和无意义的动作,去分别出有目的的和纯粹无目的的,或小心训练过的动作。

当一个女人斜腿而坐,两脚平伸微微交叉在足踝上时,有可能是表示有条不紊的思想,但更有可能是模仿别人的样子,还有可能是美姿学校训练出来的。欧美的美姿学校认为,这是最优美而又富于女性化的姿态,因而建议女性坐下来时要自我修正保持这种姿势。这也是一种使穿着迷你裙的女性既坐得较舒服,又不过分暴露臀腿部的动作。换句话说,这便是旧时被美称为“淑女型”的优雅坐势。

以上所说,便是我们必须非常小心地来研究肢体语言的理由。

在研究某一个动作或一个举动时，必须在了解他整个的行动的整体条件下进行，同时也要把行动和他的话语结合起来判断。虽然有时嘴里说的和肢体所表现出来的会互相矛盾，然而却也是不可分割的联系。

在把身体的动作纳入行为解析学的象形文字标准式之前，我们必须先制定一个动作的最低点或休止点。例如，手臂的移动，只有在我们知道了它的有效距离时，才有意义。我们只有制定了最低的标准点后，才能以这一基点计量出手臂移动的角度和幅度。

在伯威斯特博士的研究中，他为“中产阶级的美国人”设制了一个最低的基点，这就是：身体呈现半松懈状态，头部端正，脸朝正前方，两肩两臂自然下垂，两腿并拢。任何一个可感觉的姿势，都脱胎于这个最低点。

伯威斯特博士把他自己的研究工作，着眼在美国中产阶级这一群体上，即一般的教师、医生、经理人员等身上，是有其意义的。伯威斯特博士认为，即使同是处于美国的文化之中，身体的动作也缺乏一致性。比如，工人阶级对他们的每一种动作，都有他们特定的解释，很难适用于中产阶级圈里的人身上；而中产阶级的动作，又大不同于资产阶级人物的举动，所以伯威斯特博士只能把他所设制的最低点固定在中产阶级身上。

然而，法斯特教授却认为，即使把标准固定在美国中产阶级身上，这标准还是有缺陷的。法斯特教授认为，在美国这个多民族的国家里，人们的一举一动，因人种的不同所产生的差异，要比不同阶级间的差异大得多。法斯特教授觉得，伯威斯特博士在研究肢体语言时，主要的研究对象是盎格鲁-撒克逊新教徒的美国人。他为这方面的研究者提供极大量的研究资料，然而，他不单要吸收来自盎格鲁-撒克逊新教徒美国人的肢体语言解释系统，还要同时吸收意大利裔美国人、犹太裔美国人、美国印第安人、美国黑人等等的肢体语言解释系统，然后再把这种不同范畴的肢体语言再划出各自的界限来。不过这样一来，这个解释系统的总数虽然会变得相当可观，但却会显得复杂而又繁琐。

因此，法斯特教授坚持认为，我们所需要找出的是一种适合于所有文化、所有人种的普通而又简单明了的系统，而伯威斯特博士的那套系统在这一方面有失偏颇。

伯威斯特博士在他的理论中还指出，身体的同一种姿态，有时候在这个场合没有多少意义，然而到了另一个场合中却具备了特种意义。例如，我们在跟他人谈话时，随着讲话而不时微微皱一下眉头，这种皱眉仅仅是在强调一下口语句子中的停顿，只不过起了书写文字中一个句号的用处；而在别的地方，当我们听到了不好的消息时，同样是微微皱一下眉头，却是一种烦恼的表示。换到我们在读书或写作时，微微的皱眉又变成了专心致志的表示，所以单看面部的表情，我们并不能得到正确的含义，只有把这个人当时的活动以及他所处的场合联系起来，才能得到正确的解释。

伯威斯特理论中的另一个要点是，他认为我们的有意义动作，大都是由学习而得来的，并使它们成为社会的一部分。为了说明这一点，他以肢体语言中最普通的眼皮的动作为例。

一般说来，大家常认为眼皮的动作是人类天赋就有的反射性动作。比如，看到强烈的太阳光时，我们就会本能地把眼睛眯起来，以防眼球受到伤害；当灰尘落到了我们的眼里后，我们便会用不停的眨眼来排除灰尘，以保持眼球的清洁。

但是，伯威斯特博士却反驳了以上这个说法，他举出了许多经过学习的眼皮动作的实例。印度婆罗门教的苦行僧在祭礼中，能够学会用两眼直视太阳而丝毫不眨眼，此外，他们还可以面对扑面而来的滚滚风沙而不闭上眼皮。伯威斯特博士还说，当一个少女用学来的动作频频掀动眼睫毛时，她并不是为了排除灰尘清洁眼球，而是在向异性调情。

因此，他用这些事实来力图证明，并不是所有的眼皮动作都是本能的反应，有许多完全是后天学来的本领。他又补充说，眼皮的动作就如同语言，因每个人文化程度的不同而异。

有一个十分有趣的现象，一个在旅行社担任导游工作的年轻女翻译，能说一口流利的法语。她是个性格内向，具有东方式腼腆的少女，和别人说话时，特别是和陌生人说话时，常常会羞怯怯地垂下她的眼睑。可是，当她操着一口纯正的法语，出现在法国旅游者中间时，她的眼神竟然会像个法国女郎一样波光闪动，不停地颤动着的睫毛使她的眼睛显得活泼又美丽，东方式的腼腆一扫而空。

世界各国研究肢体语言的专家们都注意到了这个事实。一个会说两种语言的人，当他改用另一种语言说话时，他的肢体语言，无论是手脚的姿态还是眼皮的动作，都会立刻变个样子。这也证明了，我们人类在肢体动作上，确实有非凡的学习能力。

虽然人类有些动作是天生就会的，不是学习而来的，比如微笑和哭。然而，伯威斯特博士强调说，所有用于人与人沟通的动作，都是经过学习的艺术。

伯威斯特博士把人们的身体动作拍成电影，然后一遍又一遍地用慢镜头来播放，用这种办法来研究分析动作的意义。那么，我们从这样的研究分析中，到底能得到多少有价值的东西呢？伯威斯特博士承认，只有通过电影慢镜头才能看清楚的微小动作，以及容易被肉眼所忽略的举动，在沟通中不会有太大意义。

然而,法斯特教授认为,这些不易察觉的动作也可能有潜意识的价值存在。他发现,意念的传递有时十分神速,不能被肉眼看见,但仍能在无意识中被眼睛所辨识和吸收。这就是潜意识沟通领域背后的全部要点。

伯威斯特博士不但区分了我们肉眼所看见的动作和没有看见的动作,还区分了我们有意做出的动作和在无意识下做出的动作。根据他的说法,要了解肢体语言最重要的一件事,就是没有一个动作能够单独地存在,它经常是整体中的一部分。

单单一个眨眼的动作,伯威斯特博士称它是一个分解,是构成肢体语言的一个最小计量单位。这个眨眼的动作可以叙述成“把一只眼睛的眼睑垂下,另一只则睁着”。这样的描述,绝无作家笔下那种感情色彩,它把感情的成分剔除净尽,变成了单是闭上一只眼,而绝无向异性调情的信号。

在发展能够写出来的肢体语言的符号系统中,表明动作时排除所有的感情色彩是必要的。为了要整理出一套能够记录动作和分解动作的实验系统,同样具有排除感情成分的必要性。

伯威斯特博士在经过一连串的实验之后,便能够很顺利地区分不同的分解动作,并且还可判断出,在什么情况下附加上另一个分解动作时,会造成整个的整体动作的改观。

例如,他让一个演员在一群学生面前做出如下的表情:

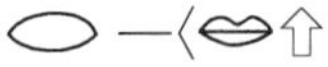

这些符号用文字来说明就是:闭着左眼,右眼斜视,嘴部保持正常,鼻尖下垂。接着,他又让演员做第二种类似的表情给学生们看。符号图解如下:

这些符号表示眨右眼，左眼斜视，嘴部保持正常，鼻尖下垂。

伯威斯特博士询问观看的学生们，这两者之间有什么不同。学生们回答说：“它们看起来不同，但表示的意思却完全是相同的。”

因此，我们可以得出一个结论，不管是左眼眨还是右眼眨，在肢体语言中它们表示着同一个意思，它们所发出的是同一类的信号。

演员又做第三种表情给学生们看：

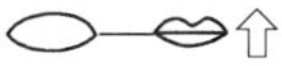

注意，虽然嘴和鼻子的动作和以前一样，但这次是眨左眼，右眼并不斜视。学生们一致认为，这个表情所表示的意思和第一种右眼斜视的表情所表示的意思，并无不同。这使我们又了解到一个事实，斜视在肢体语言中，通常并不表示任何意思。

最后，演员又做了第四种表情：

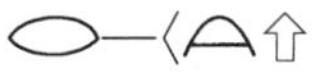

这次的表情是眨眼同前，右眼斜视，鼻尖还是下垂，嘴部却有了变化，是抿紧着的。学生们一看到这个表情，立刻异口同声地说：“这次有些不同了。”

从这一系列十分仔细的研究中，使专家们更加坚信了，眼睛本身在整个信息沟通中，似乎没有什么不同的改变，它远不如面部的变化来得重要。斜视和左右交替的眨眼，并没有传达不同的意思，只有当嘴部发生变化时，才有了不同的意义。

当然，在上面的 4 个实验中，没有提到眉毛的变化。要是对眉毛的变化做一系列试验的话，就可能得到一些含义完全不同的信号。耸起一边的眉毛,已被公认为是一种怀疑的信号;扬起双眉表示惊讶;双眉都下垂时,表示猜疑和不安。

博士发现,眨眼或闭一只眼在表达情感方面是有意义的。要是嘴巴的位置正常,斜视没有任何意义。然而,斜视加上抿嘴就有意义了。光是鼻尖下垂和眨眼之间,没有什么连带的意义,但是如果和其他部位的动作配合起来,就有很大的意义了。

由此我们看出,脸部表情的不同,在意思的表达上会有很大的变化,要是我们再把头部的位置和脸部的位置配合起来,例如扭转脖子、转过脸等,就有更多的情感变化了。一个人点头、摇头、转头、左右摇摆都有意义。要是这些动作再和不同的面部表情或不同的文化背景配合起来,它们的意义就更复杂了。

比如,我们已经说过,印度人表示"是"与"否"的动作,正好和我们相反。他们点头表示"否"、"不同意"或"不懂";而用摇头表示"是"、"赞同"或"明白了"。虽然我们已经了解了这一点,可是,当我们和他们接触的时候,对于他们发出的这种意思相反的信号,还是很难适应,常常容易搞错,起码也要愣一下后才领会过来,这是因为我们对于自己的文化已经根深蒂固,不容易接受与我们的习惯相反的信号。同时,这也说明,我们的潜意识接受信号的速度要比大脑的思维反应快得多,在大脑经过思考后正确地领会了对方的正确意义之前,我们的潜意识已经按自己的习惯错误地理解了对方。

肢体语言在文化上的差异很难超越。在第二次世界大战时期,德国纳粹分子到处搜捕犹太人,使得生活在德国境内的犹太人都尽量地隐藏自己的真实身份,但是,却往往因为他们的肢体语言而"泄露"。犹太人的手部动作远比一般德国人的手部动作来得自由和开放,在他们的所有伪装之中,这种手部的动作是最难控制的一种。

因为这种文化上的不同，这个国家的观察者可以从肢体语言上看出的事情，往往可能被来自另一个国家的人所完全忽略掉。

⬭⬭∨〉△〈├─┤

上面的符号图案表示：两眼睁开，眉头紧皱，缩紧鼻孔，嘴巴紧闭。对美国人来说，上面的表情和下面的省略眉毛紧皱的动作是同样意义的：

⬭⬭ 〉△〈├─┤

然而，对于意大利人来说，漏掉皱眉的动作在他所表达的意义上却有很大的不同。这种表情也许是表示不安或忧虑，但到底表示什么情绪，还要配合其他部分的表情一起来看，才能最终断定。

伯威斯特博士经常强调，一种表情应该成为另一种表情的辅助信号，同样，肢体语言在与口语的互相关系中，也有此等功效。彼此一旦默契配合，必将会互相强化对方表达的效果，从而达到一种异乎寻常的感染力量。

为了证实以上所说，伯威斯特博士以一群正处于青春期的男孩子们的活动作为实例。

在这群男孩子中间，有三个人是“大嗓门”，说话又多又响亮。伯威斯特博士用电影摄影机追踪拍下了他们的活动，经统计发现，在这个群体中，大概有72%到93%的话，都是由这三个“大嗓门”说出来的。

这群男孩中有两个领头的，其中一个就是“大嗓门”之一，我们叫他汤姆。另一个头却是个很文静的男孩，大家称他鲍伯。经过仔细的分析观察后发现，这个鲍伯的发言量在他的整个活动中只占16%的比例，他是这群孩子中说话最少、最宁静的一个人，但为什么，他会成为“孩子王”呢？

在回答这个问题之前，我们必须先弄明白一个很普通的问题，做一个领导人物的主要条件是什么？是对别人具有发号施令的习惯和善于说服别人的能力吗？如果真是这样，我们就要对鲍伯的领导能力起怀疑了。他闷声不响，很少说话，凭什么指挥别的孩子，使他们对他言听计从呢？

其实，鲍伯一直在对其他的孩子们传达着他的“旨意”，不过，不大用嘴里说出的话，而多用他的肢体语言。

在仔细地研究了这群男孩在影片中的行动记录后，伯威斯特博士发现，鲍伯和其他的孩子相比之下，“常会做出一些不相关联的举动”。伯威斯特博士说，正是那些不相关联的举动，创造出了一些新的活动的开始。比如，当孩子们在玩棒球的时候，鲍伯去拿来了钓鱼竿，用行动对他们说：“我们去钓鱼。”当这群男孩要去附近的海滩玩时，鲍伯却转身向别处，建议“我们到城里的杂货店去，并且到处去逛一逛”。

然而，鲍伯很少利用机会，硬要孩子们去做他们所不愿意做的事情。他能掌握这群孩子们的兴趣趋向，巧妙地引导他们随心所欲。他往往做出些顺其自然、因势利导的事情。要是他们无聊地坐在海滩上，他就提议“我们去游泳”。如果孩子们正在去城里的途中，他就提议“我们到杂货店里去玩”。

这是一个非常高明的领导方法。在成人社会的群体或政治圈子里，一个最成功的领袖总是那些能够准确地预测别人的动向和欲望，然后领着他们去做的人。看来，鲍伯是此中老手。

从肢体语言的解析角度上来看，最为有趣的是，鲍伯是使用肢体语言上的“成熟者”，他很少像其他孩子那样，做出多余的毫无意义的身体动作来。在没有必要时,他绝不会无缘无故地摆动他的脚,不会把他的手放在他人的头上,更不会去搔头、挖鼻孔、摸耳朵或敲手指头。从肢体语言的表达上可看出,一个心理成熟的人,每做一个动作都是必要的,而且具有其目的性。

显然,鲍伯这个男孩具有做一个领导人物的天赋,他遵循其他孩子的希望去对他们加以领导,他的成熟程度足以统御他的伙伴们。

如何听取别人讲话,也是做个领导人物所必须具备的条件之一。用行为解析学的眼光来看,鲍伯是个出类拔萃的好听众。他会模仿说话的孩子的举动,增强互相之间的亲密感,他会跟着对方说话的进度而保持、调整自己面部的表情和头部的动作。他绝不会在听对方说话时晃动自己的腿或脚,发出"我很不安定,烦人,我对你的话不感兴趣"的肢体语言信号。

由于他在听别人说话时,肢体语言总是发出表示"诚恳"、"专心致志"、"理解和同情"的信号,他的这种听话能力,使其他孩子对他产生了信任感和亲切感,当其他孩子碰到困难时,他们都乐于向他倾谈,也信得过鲍伯向他们所提出的建议。

虽然鲍伯很少说话,而奇怪又明显的是,他却是一个最善于说话的人。他充分利用了肢体语言的"魔力",使他成为孩子们中间的当然领袖。由于肢体语言的配合,只要他一开口,每一句话都很有效果。

通过对鲍伯的观察和研究后,伯威斯特博士对行为解析系统有了新的更完整的认识。他把人的身体区分为 8 个部分,使得一些小动作易于辨认。除了我们在前面所介绍的,他创造的眼、鼻、嘴、眉的动作符号外,他又加入了头部和脸部的位置动作,其他 7 个部分分别为:(1) 躯干和肩膀;(2) 腰和手臂的范围;(3) 手和手指头之间;(4) 手臂部;(5) 腿部和臀部间;(6) 足踝范围;(7) 脚和颈的范围。

这些部分的运动,都用一些特殊的方向符号来表示,这些符号如下所示:

↑表示向上的姿态;

↓表示向下的姿态;

←表示向前的姿态;

→表示向后的姿态;

—| 表示某一个动作或姿态的继续状态。

伯威斯特博士所创造的这一系列行为解析符号,是非常有用的。它可以用于我们对肢体语言研究的标准化记录,这些符号可以像乐谱上的音符、像记录舞蹈动作的符号一样,在研究和教学方面得到很大收益。它也可以用来记录心理治疗过程,或者用作对患者的动作含义的临床记录。熟识这些记录符号的人,只要一看到这种符号,就会像面晤了对方一样清楚地洞察对方的心理状况。推而广之,演员、导演、招待员、司法刑侦人员以及商人,都可以利用它。

事实上,如果对它仔细推敲一番,你就会发现,这一系列的符号能够把一个人所能做出来的全部身体姿态都精确地表示出来。

比如,左右胳膊交叉着横抱在胸前,你可以用两个相向方向的箭头符号来表示;一个人垂头丧气,你可以用皱眉,头部向下的箭头符号来表示,等等。

不管伯威斯特博士在介绍肢体语言入门的手册中所创造的这些符号,是被人们欣然采用还是束之高阁,我们可以预言:随着人类科学研究的不断发展,类似这样的符号系统,终有一天是会被人类广泛使用的。

人人可玩的游戏

通过前面几节的介绍,你已经知道了有关肢体语言的一些原理和规则。其实,在每一个人的一生中,人一直在无意识地玩着肢体语言的游戏。现在,你开始有意识地去玩吧,有时故意去违反一些规则,然后看看,会发生一些什么样的情况。它将是不可思议的。但有一点可以肯定,这场游戏绝不会使你兴味索然。

关于肢体语言的研究和分析,事实上在世界范围内已经渐渐成为一门科学,而且还成为研究其他科学的得力工具。然而,必须指出的是,肢体语言学还是一门正在成长中的科学,它仍处在幼年期,虽然它将来必定会像一棵参天大树一样屹立于科学之林。

正因为肢体语言学尚处于萌芽时期,而且对人类又有极大的价值和广泛的用处,研究和分析它将会很快获得极丰硕的成果,因此,这项研究不但在科学家中间进行着,而且也引起了其他许多人的浓厚兴趣。我们接下来将给大家介绍一些业余和专业的研究者在这方面玩得成功的例子,并加以分析。

纽约有个 14 岁的男孩,他的卧室的窗口正好对着街上的一个电话亭。于是，他用一架八厘米的小摄影机，把进入电话亭打电话的人全拍摄了下来，然后用家庭放映机慢慢播放出来，仔细地研究每一个动作。

可别轻视一个小小的电话亭，它也是反映肢体语言的一个多姿多彩的舞台。你只要在生活中注意观察一下，就会发现人们在打电话时，会呈现出形形色色的身态。

让我们也来观察一下电话亭里的人吧。

一个男人，正端端正正地站在电话机前，他全神贯注地听着，恭恭敬敬地说着。他的服饰一丝不苟，外套扣得整整齐齐。一望而知，他很尊重对方。可能，他正在向他的上级汇报工作，并听取对方的指示。尽管看不到对方的面，他还是像往日站在上级面前时一样的郑重其事。

另一个打电话的人，姿态很轻松。他低着头，身体的重心不断地从这只脚换到那只脚，而且将下巴抵在胸前，看上去他似乎是望着地面，边听着边频频点着头，一只手却不停地用手指缠绕着电线玩。看上去这个人很自在，但他对通话的内容显然感到索然无味，却又企图隐藏住这种感情。和他通话的人可能是个很熟的人，也许是父母、妻子或者一个老朋友。

第三个人通话时，背对着电话亭的门，他耸起了肩膀，嘴紧贴着话筒小声地说着。他不愿意让人看到他脸上的表情，似乎要隐瞒什么秘密。他的左手不时地抿抿头发，扯扯领带，就像赴约前的整理一样。他十有八九是在和他的恋人倾述着衷肠。

再看第四个人。他高高地耸起了风衣的领子，脖子简直要缩到肩膀里去了，他的腰微微弓着，一手紧拉着电话亭的门把手，像要阻止别人闯进来，又像立刻就要冲出电话亭去一样。他一边低声说着话，一边把目光透过低低的眼睑向来往行人们窥视着，一副

有些肢体语言几乎人人理解，如这个男孩，一眼就可看出，他是在模仿飞机。

心怀鬼胎的样子。也许，他是个黑社会人物或侦察人员，正在向他的上司报告着情报。

还有一个学生，为了写他的博士论文，专门到街上去观察，人们在拥挤的时候和不拥挤的时候，对面相遇时是如何互相闪避的。

他发现，视拥挤情况的不同，人们会在适当的距离内，互相发出信号，然后擦肩而过。但是，有时候这些信号也会被混淆，于是，两个人就碰了面，挡住了对方的去路，有时同时一起向左让，再一起向右让，就这样闪来闪去，直到两个人都只好停下来，不好意思地笑一下，然后再各走各的路。

弗洛伊德称这种情况为“性别交错”，而这位准备写博士论文的学生称它为“分解动作的闪避”。用不同的观点去观察同一种现象，自会有不同的结论。

由于肢体语言学仍处在探索期，人们还在为揭示它的奥秘而做着大量的资料积累和分析研究工作。因此无论是在火车站、飞机场的候车(机)大厅,还是在拥挤的地铁车站、公共汽车上,以及在你的工作岗位和家庭中,这些都是研究肢体语言的好场所,因为几乎人人都在无意识地玩着肢体语言的游戏。

随着人们对肢体语言的不断的了解,它已经有可能,并且愈来愈被人们有意识地使用。最为常见并有效的,是把肢体语言用于心理治疗。

谢弗林博士经过研究后告诉人们,心理治疗医生有意地去运用肢体语言来治疗病人,是何等的重要。布克汉默博士和其他的学者们,也都把对于肢体语言的了解,带入到自我对质即了解自我的范畴中。

布克汉默博士做了这样一些实验:

他给一群成年的精神病患者每人一份颜料和纸,让他们用手指去作画。这些患者用手指蘸着颜料在纸上画时,心里都产生了一种轻松自由的感觉。为了帮助这些患者了解到在他们的身上发生了什么变化,就在他们画画时用摄影机把他们的动作拍摄下来,然后再把这些影片放给他们看,使他们能面对自己,了解自己,从而有利于治疗。

有一次,布克汉默博士碰到一个女病人。这个女子的第一次婚姻很糟糕,丈夫提出和她分手的部分原因,是由于她的性冷淡破坏了性生活的和谐。现在,她已第二次结婚,她自己感到,她在性生活方面已经比第一次好得多了,然而,事与愿违,眼看着这第二次婚姻又濒于破裂的边缘。

于是,布克汉默博士也让她用手指蘸着颜料来画画。当她用手画出强烈的深红色和深紫色时,她忽然大声喊了起来:“这看来多么性感啊!”喊的同时,她无意识地交叉着两腿。

当把这段影片放给她看时，她不相信她竟会有那样的反应。她本人在脑子里想的对性的观念的反应，竟和影片上录下的她的肢体行为完全相反。当布克汉默博士和她讨论了交叉的腿在肢体语言中的真正含义后，她承认了，这是一种拒人于千里之外的表示。

从此以后，她开始了解到，她的第二次婚姻上所遭遇到的困难和挫折，实际上和第一次是一样的，明白了这一点以后，她就不难采取适当的步骤，来改变她在性关系中的形象了，从而使这次的婚姻终于没有破裂。

一个人可以通过自己的肢体行为，了解到自己的心理深层，以利于扬长弃短，克服自己的心理障碍。

以肢体语言为基本工具之一的精神治疗法，国外称之为"盖斯泰特治疗法"，其创始人便是心理学家皮尔斯博士。盖斯泰特治疗法的基本技巧，并不是去向病人作种种解释，而是提供一些机会，使病人了解自己，发现自己。

为了做到这一点，皮尔斯博士说："我并不理会病人对我所说的大部分谈话内容，而是把我的注意力集中在非口语的层次上，这可以说是唯一不易自欺的部分。"显然，非口语的层次就是指的肢体语言的层次。

为了更进一步地了解皮尔斯博士所说的话的意思，让我们旁听一下他替一个 30 岁的女人诊治时的一段谈话吧。

病人：我现在很害怕。

医生：你说你害怕，可是你却在笑。我不明白，一个人怎么能够在同一个时间里既害怕又微笑呢？

（病人很为难，笑容变得闪烁不定而且收敛了。）

病人：我也对你有猜疑，我以为你什么都晓得。我怕你知道我害怕，就用笑来作掩饰。

医生：那么，你有周期性的恐惧吗？

病人：我不知道。我最注意的是你，我怕你对我作直接的攻击，把我逼到墙角里，我就是怕这个。

（当她说这些话时，她无意识地捶着她的胸部。）

医生：你说我会把你逼到角落里，而你却捶着自己的胸部。

（博士重复了一遍她捶胸的举动。于是她盯着自己的手看，好像第一次发现它的存在似的。然后，又若有所思地重复着捶胸的动作。）

病人：呃。

医生：你喜欢做什么？你能够说出你喜欢去的角落吗？

（病人转头看看屋子的各个角落。）

病人：哎，就是后面的那个角落，在那里可以获得完全的保护。

医生：你在那里会较安全，不受我的攻击了吗？

病人：呃，我想并不真如此，但可能会较安全一些。

（她仍盯着她所看中的那个角落。）

医生：假如你已经在那个角落里了，你想在那儿做些什么？

病人：我只是坐着。

医生：你会坐多久？

（这时她仿佛真在那个角落里了，她的姿态变得就像个小女孩坐在小凳子上一样。）

病人：我不知道，我觉得你说这话很好玩。这使我想起小时候的情形，每次我感到害怕时，坐到角落里去就会觉得好过些。

医生：好吧，你是一个小女孩吗？

病人：呃，不是。但感觉上是一样的。

（为了迫使她面对其自以为是个小女孩的感觉，医生继续问她。）

医生：你是一个小女孩吗？

病人：不，不是。不是！

医生：不是。那么你多大了？

病人：30 岁。

医生：那么你不再是一个小女孩了？

病人：是的。

医生：如果你装聋作哑，装傻，就会使我更了解你。

病人：你以前对我说过这话，但我不理你这一套。

医生：现在你的腿在干什么？

病人：它正在晃着。

（随即她大笑起来，因为晃腿的动作使她觉得自己正在假装什么。医生也大笑。）

医生：现在你在开玩笑了。

病人：我实际上并不如你认为的那么坚强。我需要你给我更多的保护。

（她的语气带着怒意，脸上却挂着笑。医生便模仿着她的笑容。）

医生：你感觉出你的笑容了吗？你说的话连你自己也不相信。

（医生毫无戒备地笑了，但她摇着头。）

病人：是的，我确是如此。

医生：当然，你是在虚张声势，是假装的。

(现在她的笑显得很不安,然后消失了。)

医生:你大笑,格格地笑又不安地扭动身体,这都显示出你在骗人。

(他模仿她的动作,使她能从医生身上看到她自己所做过的动作。)

医生:你是在对我演戏。

病人:唉,我恨这些表情。

(从她的语气和身态可以看出她很生气。)

医生:请你解释一下。

病人:可以,我确定我没有骗人。我不知道怎样来表现我的不安。我恨自己被难住,也恨你说我骗人。只因为我在不安时发笑,或把自己缩在一个角落里,不见得就表示我是在骗人!

医生:这最后的一分钟才是真正的你。

病人:好了,我都要被你搞疯了!

(她又笑了。)

医生:现在又来了!又来了!

(他模仿她的笑。)

医生:你笑是为了掩饰你的愤怒吗?在这一刹那,你产生了怎样的情绪?

病人:呃,在这一刹那里,虽然我不感到为难,却很狂乱。

看了以上的这段特殊的诊疗过程,不难感到其最重要的一点就是皮尔斯博士不时地在谈话中提及病人的肢体行为,如她的笑、她的晃腿,以及希望坐到角落里去的欲望。他逼使她去正视自己的肢体语言的象征意义,他让她知道,她的微笑和大笑只是一种防卫,以缓和她的真正的感受。她不允许自己感到愤怒,因为它可能太具有破坏性。只有在最后,她才充分地达到狂怒的程度,摘下了她用以防卫的笑的假面具,露出了真正的表情。这就是肢体语言在自我对质上的运用。

肢体语言与自我对质相结合时的用处,正如上述那个例证所告诉我们的那样,可以使一个人知道身体所做的事是否与嘴里说的有所矛盾。要是你了解了自己身体所发出的信号,那么,你对自身的了解就会更深入、更有意义。从另一方面来说,要是你能控制你的肢体语言,就可以拆除许多自己毫无必要地为自己所设置的防卫樊篱。

人人可做的这场肢体语言的游戏,既可使你了解别人,也可使你了解自我。而随着肢体语言逐渐被人了解,它还大大被人利用了。在不少场合,为了达到自己的某种目的,人们使用“捏造”的肢体语言来伪装自己,不让他人洞察到自己的真面目。

最习惯于使用“捏造”出来的肢体语言的,是西方世界的那些政客和充当各种模特儿的人。不信的话,你可以去看看那些选美比赛。那些参加选美比赛的小姐们,都是受过这方面的专门训练的少女,她们知道应该如何利用肢体语言,使人看起来有动人的魅力。无论是她们娉婷体态的行走,还是她们端庄淑雅的坐姿,以及她们那迷人的微笑,都是经过了多次的试验和改正,才逐步训练出来的。这些通过专门训练做出来的姿态,和她内心的情感并无联系,因为这是一种假的、捏造出来的肢体语言。同样,时装模特儿在台上的一举一动,艺术模特儿的各种姿态,都是这种被利用了的肢体语言。

政客们使用这种捏造出来的肢体语言,更是达到了炉火纯青的境界。他们深谙肢体语言的重要性,在对公众讲演时,总利用它来增强气势或使事情显得戏剧化,同时把自己伪装成一个非常愉快、和蔼可亲、诚实坦率的人物。美国的总统，几乎都有这一手本领，尤其是电影演员出身的总统里根，他总是在公众面前表现着他的风度，维护着自己的形象。他使用起肢体语言来，就像他做演员时表演技巧一样，处处显示出是个行家里手。而政坛人物之所以特别倚重肢体语言，是因为他们想借此使其言论易被人们所接受。

肢体语言这一场十分有趣味的游戏，不但在人类社会中广泛地运用着，而且近来科学家又把它运用到对动物的研究上，展开了一场人与动物间的肢体语言的游戏。

美国内华达州立大学里有一对研究远古的肢体语言的夫妻，叫艾伦和葛特勒。在不少专家教动物说话这项实验失败之后，葛特勒夫妇决定用手势来取代口语，教会动物说话。根据他们的推论，肢体语言属于所有动物行为的天性，它们对肢体语言相当谙熟，完全可以教它们使用举动来进行沟通。

夫妻俩选用猩猩来进行试验，因为猩猩灵敏，并善于模仿。他们决定用北美聋哑人使用的手势语言，来教非洲的小母猩猩——娃舒。

黑猩猩娃舒自由自在地住在葛特勒的家里，受到很好的照顾和爱护，夫妻俩给它买了很多的玩具。时常出现在它周围的，都是一些用手势语言交谈的人。

娃舒很快地用地道的猩猩模样来模仿它的人类朋友们的手势动作，但是，得经过了几个月的耐心工作，葛特勒夫妇才能使它依照命令来做出正确的动作。

葛特勒夫妇用触碰它的手的办法，来逼使它“说话”。如果它“说”错了，葛特勒夫妇就一次又一次地碰它的手，重复做出正确的姿势，使它能改正过来。要是娃舒做对了一个手势，他们就伸到它的胳肢窝里去搔它的痒，使它快乐，以资奖励。如果在教学中被逼得太苦时，它就会以逃走、发脾气，甚至咬人的手来反抗。

有志者事竟成。葛特勒夫妇经过两年耐心的训练，娃舒大约学会了30种手势语言。它把手指头举到头顶上，表示“快点”，把手掌横在胸前表示“请”。

它还学会了许多姿势，用来表示帽子、鞋子、裤子、婴孩、狗和猫等。

有一次，当它听到狗吠声时，竟然跟狗比起手势来了，用以对狗“讲话”。更为有趣的是，当它想到冰箱里去拿些东西时，就做出了“把食物或饮料打开”的手势。

这个实验还在不断地继续下去，葛特勒夫妇教它新的手势，并要求它把这些手势加入到新的句子中去。也许，人类和动物交谈的幻想，将来可以用手势语言来实现。

值得一提的是，聋哑人对肢体语言的了解一定比常人更为敏感。一群聋哑人结伴到一家电影院看电影，可以从头到尾看得津津有味。可见，不用听到对话，他们也能知道银幕上的人物在干些什么或说些什么。显而易见，人体的许多部位，或者说每个部分都能不同程度地反映出一个人的感觉状态。

可以说，聋哑人比正常人更善于玩肢体语言的游戏，凭着他们的敏锐而又细致的观察，在无声的世界中，捕捉着无数的信息。对聋哑人来说，任何动作，都有它的解释。

例如，和人谈话的时候手不停地移动或玩手上的戒指，人不停地走来走去，对聋哑人看来这无疑是表示着神经紧张、左右为难和忧虑重重。要是眼睛和脸突然间“沉了下来”，要是这个人好像“吞回”了他的表情，或者他的面貌十分沮丧时，聋哑人对这些表情的解释是“有罪的”。

过急的动作表示遭遇了挫折；把整个身子缩起来像要“隐藏自己”，表示着消沉；头部和整个身体倾向前方，包括手臂和肩，表示刚强有力；头部倾斜到某一个角度，而手指做无意识的动作，被认为是无聊；眨眼并加以凝视，额头皱起并加上朝下看的眼光，这两者都表示着正在沉思；把眼镜取下来或者两眼看别的地方，表示不想看人或不想被对方所看到。

在声音完全传不到他们耳朵里的情况下，聋哑人解释这些无声画面的看法，却是极为准确的。由此看来，如果我们有敏锐的感受力，有了解肢体动作的能力，那么，不用口语而单单凭着肢体语言，人们互相间也是能够进行心灵沟通的。“心有灵犀一点通”，这所谓的“灵犀”，就是类似聋哑人的“超敏感性”。

其实，在正常人的身上，也有着这种“超敏感性”，只是我们太习惯于依赖口语的交流信息了，往往把它废弃不用，只偶然用之。比如，情侣之间，对方那微小的一举一动都会给另一方带来心灵的震颤，在这种情况下，人们深埋在心底的“超敏感性”大大地发挥了出来。这时候，语言就不显得那么重要了。我们依赖于肢体语言，能够进行心灵的交流，正可谓“此时无声胜有声”了。

总之，有意无意运用肢体语言，这是一场没有止境而有意义的游戏，它充斥着整个人类社会，贯穿着你我一生。

Ⅱ

男性肢体语言

腿部和脚部

从腿部究竟可以得到多少肢体语言的信号呢？对这一点众说纷纭。然而，毫无疑问，腿是表露人们潜意识情感的重要点。

前面提及过，当你去赴约会，而对方迟迟不来的话，你的腿就会不由自主地抖动起来，表示出焦急和紧张的意识。另外，一家之中最先架起腿来，而其他人都会学着他做，那么，最先架起腿来的，就是一家之主。

由此可见，了解腿的动作，是破译内心秘密的一种强有力的武器。在这一节里，我们先从势力范围的角度，来进一步分析腿部所表达出的无声语言。

当心中不安，或想拒绝对方时，一般人常将手或腿交叉。这是在无意识中，企图保护自身的心理表现和不让他人侵犯自己势力范围的防御姿势。

当你向上级提出某个建议时，如果他听了一会儿，便把腿架了起来，你应该注意，他可能对你的建议不感兴趣。果真如此的话，你应该尽快结束话题，告退离开。如果还要不知趣地唠唠叨叨的话，上级必然会频繁地变换架腿的动作，最后会变得越来越不耐烦。等到他忍不住打断你的话时，你就会感到窘迫了。

另一方面，人们如果要表示出他的攻击性，或者说，他有意于接受对方的话，则会采取张开腿的姿势。张开的腿比紧紧并拢的双腿更能扩大他的势力范围。

那些有着强烈支配欲和所有欲的人，他们往往会把脚搁在桌子上和拉开的书桌抽屉上。这一行为，可以看作是用自己的脚连接桌子，来扩大自己的势力范围，表现着自我。反之，如果他的下属在他的面前表现出这一姿态的话，他会感到自己的势力范围已被侵犯，而产生极不愉快的感觉。一旦他在初次见面或并不很熟悉的人面前，也把脚搁上桌面或抽屉上的话，会被人认为“那家伙真是傲慢无礼之极”。

西部牛仔叉开的双腿富有男性魅力。

在腿所表达出的肢体语言中，有一点必须留意的，那就是架腿的方式。男女的架腿方式有所差别，即使用同一种方式架腿，它所表示的意义也并不一样。

根据调查发现，将一只脚的足踝架在另一只脚的膝盖或大腿上的，99％属于男性；而把两条大腿紧压着上下交叉地架腿的，99％属于女性。因为，从解剖学的观点来看，腿的部位越是往上，越是接近性器官。所以，国外的一些学者认为，大腿是属于带有性意识的敏感部位。即使是在婴儿的身上，我们也可以看到那种大腿互相摩擦、紧贴的小儿自慰动作。

总之，就肢体语言来说，腿部的动作往往极具有性方面的暗示。所以女性是极少采用架腿方式的，尤其是穿着短裙的女性，如果她不是故意要挑逗异性，是绝不会这样表示的。显然，使用双腿用力紧压式的架腿方式，具有防御他人的侵犯，保护性的贞洁的意味。

也有的人，坐在椅子上，一只脚跷起来横跨在椅子扶手上。这种姿态看上去似乎很轻松，要是你以为这表明他是开放而又乐于与人合作的话，那你就大错特错了。摆出这种姿势的人，对他人漠不关心，甚至还有点敌意。空中小姐深有感受，凡是采用这种坐姿的男性旅客，经常是最难服侍的人。商业上，在买方和卖方之间，买主也会在自己的办公室中摆出这种姿态，以表现他优越的主宰地位，上级也会在下级面前以这种坐姿来体现他的权威。

另有一种，分开双腿面向着椅子背倒坐，这种姿势和把脚搁在办公桌上一样，通常发生在上级和下属之间，以表示他的统御权。采用这种坐姿的人，不管他的表面上看来是多么令人愉悦和友善，事实上可能并非如此。因为这种姿态表明着他富于统治性和侵略性。

双方之间处于激烈竞争的时候，一方或双方会不由自主地架起二郎腿。有位棋手，每当他在比赛中举棋不定时，总会不知不觉地架起腿来。对一个棋手来说，这种姿势是极不方便的，因为每次轮到他走棋时，必须放下脚，然后倾身向前下棋。然后，当他走完一步棋，又会依然故我地架起腿。放下再架起，架起再放下，一直要反复到他感到自己稳操胜券时，才安安分分地把双脚放到地板上。

下棋时是这样，谈判时也是这样。当问题被提出来讨论时，或者当激烈的争论发生时，谈判者的一方或双方总会把腿架起来。若双方放下了架起的腿，身子向前倾移的话，则意味着谈判将顺利达成协议了。一旦对方交叉着架起腿，就是向你发出了要向你竞争、挑战的信号，这时，你必须提高你的警惕性，集中你的注意力，以免大意失荆州。

你也许碰到过这样一种情况。和你交谈的对方突然转动身子，坐着把脚对着门口。脚朝着门的姿态意味着，这个人想尽快结束这次交谈、聚会或其他当时正在进行着的活动。请你注意，到你家来拜访的客人，在他们的拜访将要结束前半个小时，就会做出把脚转向门口的动作。你一接受到这个信号，就应该诚恳地向来客这样表示道："时候不早了，真感谢你们，特地来看我。和你们在一起，时间不知不觉地过得真快啊！"

当你在生气、受到挫折或心理困扰时，你会不会产生一种想要踢门的念头？也许你会踢地，踢小石子，踢你脑中幻想出来的对象。我们相信，你多半是踢过的。一个球队队员，当他传球或投球、扣球、射门等失误时，会用顿足来表示懊悔不已。同样，当你不小心办错了一件事时，为了表示追悔，也会用顿足来表示。当然，也有这样一种特殊的情况，某些人在考虑一件事情的时候，常会轻轻踢着地面，好像在说："我要把这事情像踢皮球一样地踢掉！"

接下来我们再来看看脚踝和脚尖发出了哪些肢体语言。虽然足踝和脚尖不像手腕和手指那么自由灵活，富于表现力，而且它处于身体的最下端毫不显眼的地方，然而，它所直率地表达出来的情感或欲求，足以令人吃惊。

比如，有些人坐在饭店里等着上菜时，有的人坐在候车室里等候上车时，都会用脚尖敲打地板，这是在表示着他内心中的强烈的不耐烦。也有时，他用摇动足部来表示。无论是用脚尖敲打地面还是摇动足部，他都在向朝他走近的人发出这样的信号："你一靠近我，我就会感到不安。"在这个时候，一个陌生人如果上前去与他搭讪或询问什么，往往会遭到他的白眼。

在与你谈话时，不但架起了腿，而且还不住地晃动那只悬在半空的脚，这是他在将心情舒畅的信号传达给对方。如果面对初次相识的人，或面对工作中的对象而如此晃动脚者，是在无声地招呼你："尽可以放松一些。"

如果一个人脚踝交叠、双手抓紧椅子扶手，你会认为这姿势像什么？也许你会笑着说："像一副急着要上厕所去的样子。"你说对了，这种姿态确实表现出了某种"压抑"。

你也许会有这样的体验，当坐在牙医的诊治椅上时，当仰面躺在理发椅里准备刮胡子时，人会情不自禁地把两只足踝紧紧地交叠起来，同时两手紧抓住椅子扶手。人在压抑自己的强烈的感觉或情感时，不自觉地会采取这种姿势。

美国军队中有句谚语："随时让脚踝紧紧交叠。"这句谚语的意思，就是叫军人要随时控制住自己，不要多嘴多舌，尤其是在事不关己的时候，更应该守口如瓶。

有的人，平时很少有交叠脚踝的动作，可是一上了飞机，他的脚踝却不断地交叠又松开。结果他承认，坐飞机时他心里万分紧张。所以空中小姐对于那些真正需要服务却又羞于启齿的旅客，似乎具有独到的辨别本领。她们能从乘客紧紧交叠的脚踝中，看出他的紧张与不安。与此同理，有许多人在面试时，会由于面对考试者而不由自主地把脚踝紧紧交叠，表现出紧张来。

有经验的护士会告诉你，在进入手术室前两脚交叠的病人，通常都是那些感到很害怕而又非动手术不可的人。

也许有人会说，采用这种姿势能使他们感到舒适。这是企图用舒适做借口，来掩饰真正的理由。如果你也有这个习惯，请你留意，一旦你在仰卧休息时发觉自己脚踝交叠的话，请松开它们，然后再体味一下，看看这样是否能使心情更容易放松。容易失眠者，如果采用脚踝交叠的方式睡觉，则更不容易入眠。

可见，足部总是默默地在倾诉着你的内心。如果你与他人面对面坐着时，也许你会有机会看到对方的鞋底。鞋底何处先磨损，因人而异。富有经验的鞋匠能根据鞋底磨损情况，了解他人的性格。比如，脚尖外侧磨损者，具有攻击性与积极的性格，而两侧磨损者，属于温和性人物。为什么能下这样的结论呢？因为，性格积极性的人，他走路时总是采用快步疾走的方式，所以鞋尖外侧较易磨损。

此外，足部也是推测人与人之间的亲密程度如何的准绳。比如，甲乙两个人站着谈话，如果他们两人的足尖对着足尖，相隔距离很小的话，则可说明他俩之间的关系极为亲密。这在肢体语言里，称之为共有势力范围的状态。换句话来说，具有不容许第三者插入他们之间的密切关系。

反过来说，如果甲与乙的脚尖位置呈直角，或是分开站立成 60 度角度的话，那么，他俩之间的关系并不怎么深厚，而且允许第三者来加入他们之间的谈话。

腰腹部和臀部

有一位著名舞蹈家曾经说过这样一段话：舞蹈中，腰部始终保持在与地板平行的线上移动，是舞蹈的基本要领之一。这样，才有可能给观众带来安定感。换句话说，舞蹈是凭借着腰部的稳定，而表现出精神上的安定感。所以腰部的作用不仅仅限于肉体上，也担负着支持精神的角色。也可以这样说，腰部是表达人类精神的语言的一个媒体。

比如，用低姿态待人，不仅仅解释为身体的腰围部位放低的意思，更有精神上居低下位置的意义，明确表示为对他人“谦逊”。弯腰鞠躬的姿态，就是这一心理的表现。

另外，弯腰的动作也表现出另一个不同的意义，比谦虚的态度更进一步，演变成服从对方的心理状态。

莫里斯博士曾这样说过：“人具备着和其他灵长类动物的共同特征，即用蹲、悲鸣等动作做出基本服从的反应。人把各种服从的表示予以形式化，连蹲的行动本身也演变成了跪伏、叩拜等动作。人把自己的柔弱的形态，呈现在跪下、鞠躬、作揖等礼仪上。人之所以会做出这样的行动，是为了在居优势者面前将自己的身体放得更低。相反，人在向他人威吓时，则用力挺直腰背，尽可能地将自己的身体增高、扩大。”

凭借着放低腰部、采取低姿态的动作，就是表现出了服从对方、压抑自己的心理。

除此之外，关于腰部的动作也很多。比如，两手叉腰的动作，常可出现在准备上场的运动员身上，这是表示自己已做好了充分准备，打算决一雌雄了。同样，在争吵的双方中，有一方决心向对方一决雌雄的话，他也会采用双手叉腰的姿态。

还有些人，他有将双手拇指插入腰间皮带部位的动作，这一动作显示出他要威慑对方的意味。

人在站立时，腰部的动作传达出了肢体语言的信号，那么，当人坐下或蹲下身，臀部会“说”些什么呢？

坐的动作，同样它也因人而异。

有的人会把身子像猛扔出去一样，一屁股重重地坐下；有的人

人类为表示谦卑，往往做自降身高的动作，如鞠躬。

则慢慢地、轻轻地坐下；有的人在坐下前会拉一拉裤子；有的人会把身子深深地陷在座位里，有的人只浅浅地坐半只屁股……这种种坐姿，无不坦白地说出了各人的心理状态。

不管面对的是初识还是熟人，猛然摔坐在椅子上的人表面上似乎是一副不拘小节的样子，其实，他的心理状态和表面上的情况完全相反。这种看上去极端随意的态度后面，深深地隐藏着他内心的极度不安。这种坐态，出自不愿被对方识破自己真正心情的抑制心理。尤其是面对初次相识的人，这一心理更加强烈。采用此种坐姿的人，在他坐下来以后，往往会表现出心绪不安、不时地移动屁股或心不在焉的神态。由此，可看出他的真正心绪。

对于那种舒适地深陷在座位中的人，他的坐态在向他人表示着自己的心理优势。因为坐的姿势，是处于人类活动上的不自然状态，坐着的人必然在潜意识中存在着立即可以站起来的心理。这在心理学上，称它为“觉醒水准”(arousal level)的高度状态，随着紧张情绪的解除，该“觉醒水准”也会随之降低。于是，人的腰部逐渐向后挪动，变成身体靠在椅背、两脚向前伸出的势态。采用这种坐势的人，很难一下子就从座位上站起来，这说明，他认为面对他人不必过分紧张，也不必担忧对方会侵犯自己，他有充分的自信可以统御对方。所以深陷在座位中的坐态，向你发出了“优越”的信号。

相反，那些浅坐在椅子上的人，即只坐半个屁股的人，乃无意识地表现出自己居于心理劣势，而且缺乏精神上的安定感。在对方面前，他处于从属的地位。

但也有这种情况，他的屁股浅浅地坐在椅子的边缘，手肘搁在大腿上，双手松弛地悬荡着，采用这种坐姿的人，表现出一种好奇心,对正在谈的问题觉得有趣。

当人们心中准备要向对方让步、合作,表示愿购买、接受意见或要征服对方时,就会移动屁股坐到椅子的前端。

有一种俗称为“猴子屁股”的,即坐在座位上犹如坐在针毡上一样不安宁。其实,问题并不在于座位的好坏,而是表示出此人在精神上感觉到了一定的压力。当你在听课或听报告时,如果内容枯燥无味,你就会像猴子一样坐立不安,但一旦话题变得十分有趣时,这种现象顿时会烟消云散。

科学家经过一系列的观察和研究,积累了许多有关“坐立不安”的人的资料,发现大部分人坐立不安是由于下列原因:

(1) 太疲倦了;(2) 对他人所说的话不感兴趣,无法专心地听;(3) 生理的反应告诉他们一个特别的时间已到,比如,午休的时刻已到,该休息了;(4) 他们的坐椅不舒服,或有虫咬等;(5) 他们另有心事。

有的人想作出某种决定时,不但会在座位上坐立不安,而且还会无意识地猛扯裤子。等到下了决心之后,这些动作就会停止。因此,我们可以借此作为测量的标准,判断出对方是否处在想作决定而尚未作出的时候。

接下来,再看看腹部的肢体语言。

尽管腹部位于人体中央的机要部位,在衣服的掩蔽下并不受到注目,而且它也不可能像身体末端的手脚或脸部一样做出明显的动作,然而,如果你仔细观察的话,就会出乎意料地发觉,腹部也具有丰富的表情,并且会十分清晰地将各种信息传送给他人。当然,我们无法像解读脸部表情那样,直接观察他人的赤裸裸的腹部,而是把衣服作为腹部的“外表”,透过这“外表”来窥探内部的信号。

在英语的“腹”这个词上，有两种表达法，一是用 stomach，亦表示胃部；而形容“大腹便便”的腹字，则用 belly。可见，腹字既表示着腹部的外表，也包含了腹内的脏腑。同样，在中文中，腹字也有多种含义：一如《诗·小雅·蓼莪》中所说“出入腹我”，“腹我”即抱在怀中之意。这个腹字，表示腹部外表及腹前的空间；二是表示胃肠之意，如“腹泻”、“腹疾”等词，是指腹内肠胃的疾病；三则表示性器官，如“遗腹子”、“胎死腹中”（指母亲的子宫）。

四个足球运动员筑起人墙以防对方的直接任意球，他们的双手护住自己的小腹部，若换了女性，在同样情况下则会用手护住自己的胸部。

中国的武术中有“腹下丹田”一说，意思是说在肚脐下方的小腹处用力，能使气力充沛。反过来说，小腹处也是最忌碰撞的人体弱处。所以在柔道和空手道中，把用手保护下腹的姿态作为自然得体的姿势。而在西方世界里，以自我催眠而闻名的自律训练法告诫受训者，将意识集中在肚脐四周的太阳神经丛部位，借以达到身心舒畅的目的。

我国成语中“肝胆照人”一句中的肝胆，蕴含着忠勇的意义，而肝与胆均在腹部之内。因此，腹部的肢体语言，总是反映出以上所述的种种精神上的意义。我们简直可以这样说：腹部具有人的精神和意志的象征。

在前一篇里曾提及过，狗对于比自己居优势的对方，总是做出躺在地上袒露腹部的动作，把自己的要害部位置于对方的支配下，做出臣服对方的表示。换句话说，这种恭顺的姿态向对方发出了自己毫无反抗意志的信号。但是，对于直立行走的人类来说，腹部是经常呈现在他人的眼前的，所以便把腹部作为寄托精神的重要部位，用以表现自我。

古往今来的英雄豪杰，大多属于大腹便便的体形；漫画家总是把富翁、领导阶层的人画成大腹便便的为多，这就是所谓的“器宇轩昂”的人。俗话说，“宰相肚里好撑船”，也以腹大来表示一个人的气度。一般说来，气度非凡的人很少会有缩腹弓背的姿态出现。

大腹便便者，把自己身上最脆弱的部位挺起突出在他人面前，说明他自视优越，对他人不需防范，是自信、满足、轻松态度的表现。

反之，采取紧收腹部的蜷缩姿态的人，则可以认为，他正被一种不安的、不满足的、消沉的，或沮丧的心情支配着，处于防御心理状态。

这里有一种有趣的现象。当别人对你表示坦率和友善时，则经常会在你面前解开外衣的纽扣，甚至脱掉外衣，袒露出自己的腹部。专家们观察后得出结论，在一个商业会议上，当讨论者开始脱掉外套时，便可以判断出，他们所讨论的某种协定，会有达成的可能。不管气温多么高，当一个商人觉得问题尚未解决，或尚未达成协议时，他是不会脱掉外套的。解开上衣露出腹部时，表示该人对于对方不存有警戒心理。

就如其他的态度一样，开放的态度也会鼓舞其他人产生类似的感觉。我们发现，解开外衣纽扣的人，达成协议的比率高于不解开纽扣的人。很多采取防卫姿态的人，会把原先敞开的外衣重新扣上，而对于某些乐于改变心意的人，他会本能地将外衣的扣子解开。

有一位新婚的少妇提到，在她夫家举行的宴会中，要她区别出这个大家庭中的成员，这对她来说非常困难。结果有人要这个少妇猜一猜，谁是这个家庭的正式成员，谁是这个家庭的朋友，总共要猜十人。她只凭着哪些人将外套脱掉、或是解开扣子来猜，结果猜对了八人。而她猜错的两个人中，一个是二十年来一直参与这个家庭事务的老朋友，他的衣扣是解开的；另一个虽是家庭成员，他的扣子却是扣上的，因为他很少参与这个家庭的事情，他是个“独行侠”。可见，她猜测的准确性是很高的。

所以说，在跟人交谈之中，由解开上衣纽扣、将腹部敞开的态度，便可以看出其已将防备对方的警戒心解除了，从而采取了开放自己的势力范围的势态。这姿态表达了“推心置腹”、“敞开胸怀”、“坦率诚挚”的信号。

和解开扣子相反的是直接勒紧腹部，这会表现在腰带和皮带的束法上。比如，重新束紧皮带和腰带的动作，可以看作有给自己打气的意图。像练武的人一样，束紧腰带是为了下腹用力，凝气于丹田。所以束紧皮带是为了借此增强胆识和意志力，再度面临挑战。

还有一种现象。在久坐的情况下，也常见某些人不断地用手整理皮带，做出放松的动作。当然，除了因饱餐而肚子胀的原因外，也存在着心理上的因素。当他对那个场合的气氛感到疲倦时，便会凭借着放松腹部，使自己的精神从紧张或压抑的状态中得到解脱。它又可以被看作是放弃了继续努力的意志，或是向对方宣布暂时休战。

处于对立关系中的人们，经过一场钩心斗角的较量后，一旦达成了协议，为了表示自己有雅量，常常会拍一下自己的腹部。这一动作，常见于中年人身上。

根据美国纽约艾伯特·爱因斯坦医科大学的精神医学教授斯海福莱姆(A. E. Scheflem)博士和普耳大学人类学教授维斯坦尔(Bart Wistel)博士的学说，男性在产生积极的性行为时，下腹部的肌肉将引起明显的紧张反应，当性行为转为消极或产生忧郁情绪时，下腹部的肌肉便松弛下来。

无论男女，在与异性见面时，无意识中会引起肉体的变化，接着对可预想的性行动产生相适应的身体状态。全身肌肉呈现紧张状，仔细观察又可见到脸、颊、眼部等处的肌肉都绷紧了，给人一种表情活泼、生动的印象。特别引人注目的是，平时腹部松垮的男性，这时紧缩下腹，全身便呈现出一种青春气息，这即表示，他进入了备战状态。

一般的男性在异性面前都会做出这种肉体动作，女性能敏感到男性的这种无意识的动作，这就是说感受到了男性的性魅力，即所谓的男子汉气概。所以腹部松弛的男人，是不太受女性欢迎的。

另外，当一个人强忍着即将爆发的愤怒时，或当他感到强烈兴奋之时，腹部会因为呼吸的急促而起伏不停。具有神经质性格的人，或心中有所不安的人，会用手抚摸腹部，按揉肠胃等内脏器官。在生理上，老是疑心自己肚子里有什么东西存在的人，精神上也是不会愉快的。

胸部和背部

直立行走使人类的手得到了解放，不再和脚一样担负行走的机能，从而使人类能使用工具和火，迈入文明世界。直立行走的姿势，不但从人类学、动物学的立场上来看有着极深远的意义，对于肢体语言来说，也具有极其重要的意义。

四脚行走的动物，从胸部到腹部都面朝地地夹在四肢中间，受到了很严密的保护，所以要想窥知它胸腹部的姿态，是极其困难的。而直立行走的人就不同了，胸腹部袒露在他人的视线面前，因此能发出直截了当的肢体语言。简直可以这样说，手、胸、腹等部位的肢体语言，是人类学会直立行走后所带来的副产品。

但在另一方面，由于人类的直立行走，使胸部最需要保护的心脏部位全面向外暴露，所以对人类来说，从胸部传达出的肢体语言，深深地遗留着自我防卫的本能。在中国古代武士的盔甲上，总要装上厚厚实实的护心镜，便是一明显的例证。

古罗马时代，军队中有一种致敬的方式，即一手置于胸前，将另一手迅速地向受礼者方向伸出。迄今，在美国人的升旗典礼中，仍可看见这一姿势。在欧美的戏剧界中，演员为了向观众表达忠诚的心理时，也经常使用这一动作。

在中国，用手紧贴心脏部位来表达自己的忠诚或可靠，也已沿袭成俗。比如，清朝下属拜见上司的礼仪中，就采用单膝下跪，一手按胸、一手按地的姿势。历代的绿林好汉、江湖侠客们遭遇到对手时，为了表示自己无敌意，也总是双手抱拳于胸前行礼致意。

其实，用手按胸的动作，还暗隐着保护自己的意义。因为既然把自己放在他人的下属或对等的地位上，在优势感消失的情况下，更有必要注意防卫自己的心脏部位，无意识之中流露出了“防人之心不可无”的心理状态。

男人的胸部肌肉比女性的要厚实、强壮得多。因此，男人会“骄傲”地鼓起胸部，夸大他作为一个男子汉的身体标志。

值得一提的是，同样是以手护胸的动作，由于性别的差异，男女有些不同。对于女性来说，胸部除了心脏外，还有乳房。

男女之间，由于不断进化而形成许多的身体差异，其中以胸部最为明显。从猿到人直至今日，男性的体力劳动重于女性，所以胸部肌肉比较发达强壮，因而“厚胸脯”、“胸毛茸茸的大汉”表现出了身体粗壮的男性气息，即所谓的“阳刚之气”。

不可思议的是，男人经常故意采用暴露心脏弱点部位的姿势，来传达某种信号。比如，高高地挺起胸脯的姿势，在无声地表示着他的自信和得意。胸脯挺得过分的高，则又变成了十分傲慢的意思。对这种过高地挺起胸脯的姿态，会使别人受不了，而发出“那家伙摆什么臭架子”的怨言。

男子的胸部是力量的象征，因此当胜利时往往会挺起胸部，并伸起双臂。

挺胸而全面暴露自己弱点部位的姿态，说明他完全不把对方放在眼里，毫不在乎对方可能会发起的攻击；在精神上他处于绝对的优势地位；同时，挺胸的举动也是他竭力扩大自己势力范围的一种表示。

通过观察可以看到，西方的政客、律师等从事专业性工作的人，常会摆出手插入西装口袋或是两手按着西装衣领边、而将胸脯挺起来的姿态。这也是轻视对方，尽可能扩大自己势力范围的表现。弗拉基米尔·伊里奇·

列宁就常有这一姿势,给人一种具有非凡统御力的印象。

还有一种矮个子的男人,不甘于"低人一等",会故意地挺起胸脯来弥补他们的弱点。他们走路时,总尽量地向上挺起胸脯,无意识中流露出因自己低矮而产生的自卑感,而想用挺胸的姿态来树立精神上的优势。法国的拿破仑,便是典型的例子。

总之,挺胸者绝对属于在力量上、精神上占上风的人。在日本相扑界里,有一动作术语称之为"借胸"。这是相扑运动员经常练习的方法之一。一名大力士挺起胸脯站立着,由另一个人用力撞向大力士的胸部,不管进攻者使出多猛烈的撞击力,最后摔倒在地的,必然是进攻者,而挺胸站立的大力士却纹丝不动。两者的力量悬殊,由此可见一斑。

与挺胸的动作相反的,是双臂交叉着横抱在胸前的姿势。这是一种保护自己身体的弱点部位、隐藏个人情绪以及对抗他人侵侮的姿态。这是防卫的信号,甚至是带有敌意的暗示。

这种双臂交叉于胸前的姿势,是日常生活中常见的姿态。根据达尔文的研究,这种姿势几乎在世界各地都表达着同一种意义——防卫。

同事之间在一起讨论时,常会出现这种姿势;小孩子们用这种姿势来抗议父母的唠叨;老年人用这种姿势来维护自己的尊严;打擂台的双方用这种姿势来应战……这种姿势似乎可以使人觉得自己稳如泰山,能对抗任何攻击。

在专家们所研究的各种肢体语言中,这种姿势似是最易被人了解,也是最富有感染力的。在一个四人以上的团体中,如果你把双臂抱在胸前,很快就会发现这种姿势的影响力。团体中很快就有人会跟着你做出这种姿势,先是一个、两个,然后其他的人也都受到了影响。

这种姿势,通常也表示着否定和拒绝。有些人自顾高谈阔论,没有留意到自己摆出了抱臂于胸的姿势,这样,他的滔滔言论非但不能说服对方,反而起到了再三刺激对方的作用,使原本愿意和他亲近的人逐渐疏远。每当我们发现对方采取这种姿势时,就是表示他想结束这场谈话,你就应该知趣地收起自己的滔滔长谈了。

人体胸部的反面是脊背。背部所表达的肢体语言,亦是十分精彩的。

在电影和戏剧中,一个演员凭借站立的背影,常能充分强调画面的气氛,倾吐内心情感。法国演员琼·嘉本的背姿是西方影迷们津津乐道的,同样,日本电影《望乡》中,也充满了背影的镜头。国外有这么一句话,"背影是男人的第二容貌"。那种具有男性魅力的背姿,往往使人仅看一眼便深深地烙进了脑海之中。

从解剖学的角度来看,背部比胸腹部更平板,似乎是难以表现人类感情的部位。不但如此,人们为了掩盖自己的真实感情,不让他人看清自己的表情,往往采取背转身子的动作,把一个平平板板的脊背冲着对方。难道背部只能帮助人们隐藏感情而不能表达复杂的心理活动?不,事实恰恰相反:转过背去隐瞒自己的感情,恰恰暴露出了他的内心的复杂和矛盾。

比如,日本有一种"能剧",演出时,演员脸上戴着毫无表情的假面具。演员为了表达出深刻的喜悦或悲伤之情,往往把背部对着观众。背部虽然毫无表情,但反而能刺激观众的想象力,使他们在平板的脊背上解读出各式各样的信号来。

背部所发出的肢体语言,有三种表达方式。第一种,是从它的形态上来显示;第二种,从转身的方向和角度来表示;第三种,从势力范围方面来说明,即各种与他人背部所接触方式。

从背部的形态上来看,可以判断出一个人的内在个性。一般而言，挺直脊背的人，律己甚严，充满自信，然而，却容易受到刻板思维的束缚，缺少精神上的弹性。换句话说，这种人信心充足而灵活机动不够。

美国非语言情感传达的研究学者尼伦伯格(G. I. Nierenberg)在他所著的《解读人心的技巧》一书中指出，“知道应如何提高业绩以便使自己晋升的人，必然采取堂堂直立的姿势，以此明确表示自己充满了自信。”我们从小就接受着“要做一个光明正大、顶天立地的人”的精神教育，这“顶天立地”的外在表现，就是挺直脊梁。我们从上小学起，教师就教导我们在上课时要挺直脊梁端坐；新兵入伍的第一课，军官就要求他学会挺直脊梁站立。所以尼伦伯格在他的书中又说：“只要撑开肩膀，挺直腰杆，消沉的情绪自然会消失，而产生一种振作奋发的气概。”由此可见，挺直腰背的动作和人的精神状态有极密切的关系。

当我们打开电视机收看歌舞节目时，你会发现，那些意大利美声唱法的歌唱家，一般都采取挺直脊背，直立不动的姿态；而那些演唱流行歌曲的歌手，却总是载歌载舞地做出许多洒脱的动作来。原来，那些直立挺背的歌唱家，十有八九都接受过严格的正规音乐训练。只要他往台上一站，就会不由自主地严格约束自己，透露出他对自己演唱技巧的自信和自尊。

日本的著名歌手美空云雀也是属于直立不动型的。记者采访她家后发现，她的家人都养成了端坐或直立的习惯。这说明挺直脊背的姿态也和一个人的家庭教养有关。欧洲的贵族世家，亦有从小教育孩子挺直脊背、保持其贵族及绅士风度的传统。

二次世界大战期间，德国的纳粹分子和日本的武士道者，也用挺直脊背的姿态训练出一批又一批纳粹和武士道的忠实信徒。

流行歌曲的歌手们一般并不采用直立挺腰的姿态，而常用花哨的动作及舞蹈来吸引听众。他们的姿态更灵活,更贴近大众,所以也常常能收到良好的演出效果。

与挺直腰板相反的,是驼着背的人。为了和生理上的驼背者相区分,也可以称之为弓着背的人。弓着背的人容易使人联想到沿街乞讨的乞丐、过分殷勤接待顾客的店小二、在主子面前的狗腿子,等等。

从肢体语言的理论中可以引导出,采取弓着背的姿势,意在封锁胸、腹等要害部位,是一种不让他人侵入自己的势力范围的防卫性姿态。所以弓背者一般不求自我表现,举止慎重且又好自我反省,是性格孤僻的表现。

如果在人前不但弓着背、而且还低下头,闭起眼,则表示畏惧对方,在精神上完全居于劣势。如"诚惶诚恐"一词所描述的,他具有蜷缩身体、藏头缩尾的姿态。

再比如,两人对坐,一人采取挺直脊背的姿态,而另一个却弓着背,该作如何解释呢? 那个挺直脊背端坐者,可以说是在本身和对方之间筑起无形的墙,表示他不愿接受对方的意见,隐藏着坚决拒绝对方的心理。而弓着背者,显然居于劣势,不是在检讨自己,便是在乞求对方的帮助。然而,如果挺直脊背者不改变姿态,他是不会接受弓背者的要求的。

精神上总是处在沮丧、悲观的人,也会养成弓背的习惯,反之,弓背的习惯也会压制精神的放松。生理上有驼背病的人,由于长年累月驼着背抬不起头来,就会在心理上造成低人一等、自卑畏缩的情绪。

再来分析"转身"的动作。转过背去,对男性来说表达着拒绝对方的意思,但对于女性来说,则可能另有一层意思,容后再说。

此外,在多数人在场的情况下,转身的意义多少又有点不同。

比如，在有他人在一旁的地方打电话时，即使交谈的内容并不会直接被他人听到，但打电话的人也常会做出转身背对他人视线的动作。从这一动作可以猜测到，他谈话的内容属于在商量疑难问题或跟情侣通话等，属于秘密性的事情者居多。这也是在向他人发出“不要走近我”的信号。

在双方接触之中，拍对方的背或互相勾肩搭背而行，是非常惯用的动作。拍背的动作，属于互相触摸的范畴，也有着多种不同的意义。

父母拍子女的脊背，表示着亲热和信赖；如果是上级对下级，拍拍他的背，则在无声地表示：“去吧，我希望你能完成这一任务。”暗喻鼓励、打气的意思。

在人类社会中，背部的互相触摸和身体的其他部位相比，最缺乏所谓的“性意味”，所以，这一动作可以广泛使用，即使在关系较为淡薄的朋友之间，亦可经常看到这一动作。但要说明的是，如果情侣之间互相触摸背部，则有着另一种较含蓄的意味。

在同性朋友之间，或在亲属之间，年龄不同而关系较亲密的男女之间，拍背的动作，往往表示着对某一个问题彼此间确有同感或共鸣，或是表示着十分激动和互相敦促的意思。比如，你去看球赛，想必经常目睹到这样的情景：当一方获胜时，队友们互相轻轻拍打着背部或互相搂住肩背，以示共享喜悦。所以搂住对方的背部，也有借此肉体的接触，把自己的情绪传达给对方的意思。

小孩子之间，常会有勾肩搭背而行的姿态，这是想借互相间肉体的接触来增进互相间的友好关系。总之，互相抚摸背部的动作，可以看作是为了加强关心对方，或追求更深的人际接触的表现。

肩膀和颈部

从生理解剖的角度来看，肩部处于手臂和身体的连接部位，因此能起到缩小和扩大势力范围的作用；同时，由于肩部较接近于他人的视平线，所以肩部的活动十分容易引起别人的注目。

美国的肢体语言专家劳温(A. Lowen)博士分析说，当人在心中积压了满腔的不平、不满而愤怒异常时，他会把双肩往后缩；耸肩则表示着不安、遗憾或恐怖；使劲地张开双臂的肩膀牵连动作代表着有强烈的责任感；而当自己因为担负着重大的责任，感到了精神上的沉重压力时，会无意识地把双肩向前挺出。

以上这些肩膀的动作，有些纯属西方的常见动作，如耸肩的动作，东方人并不惯用；但是，不论如何有所区别，有一点却是大家所公认的，即肩部常被看作是象征着男性尊严的敏感部位。

古代武将的穿戴盔甲、现代军人佩戴肩章，即可明白是在有意强调肩部，以夸耀自己的威严。现代的西装在肩部填入了垫肩，使肩膀看起来更宽阔厚实，这跟故意地耸起肩头来的动作同属一理，意在显示自己的男子汉气概，并威吓对方。

既然肩膀显示着男性的尊严，一旦遭人侵犯，又会做出什么反应来呢？也许你有过这样的经验：你在街上行走，不留心踩了他

当男性祖先们狩猎之时，他们需要一个更强壮的肩部，使之与持械而变得更强壮的手臂相呼应，这就意味着宽阔的肩部俨然成了男性的性别标志。

人的脚，只要说声“对不起”，双方就会相安无事。要是你猛然撞了别人的肩膀，尽管你赶紧道了歉，对方至少会瞪你一眼，换了你自己，恐怕也会蹿起一股无名之火吧？

流氓在向人挑衅时，常常故意撞击对方肩膀以期望着对方忍受不住而大发雷霆，使他找到争斗的借口。即使对方强忍住了，流氓也会因此而洋洋得意，因为他认为自己严重地侵犯了对方的尊严，而对方不敢反击。相反的，要是一个正经人无意之中撞到了流氓的肩，那就大事不妙了。流氓会认为你是故意寻衅，大打出手。所以，如果你不了解肩部象征着男性自尊的话，就会对这一切莫名其妙了。

男性为了表示自己的男子汉气概，也常常故意把大衣披在肩上。历来的将军和统帅，都有肩披披风的装饰法，这也是为了体现自己的威严，扩大自己的势力范围，强调自己的统御权。现代不再时兴披风，男人们便有将大衣或西装上衣搭在一边肩上走路的举动，这也流露出了要充分表现男性气概的心理。凡是把衣服搭在肩上走路的男人，绝对不会采用弯腰驼背、衰弱无力的行走姿势的，他们必须挺起胸、迈开大步地走着，所以这种姿态常常出现在中青年男性身上，而老年人很少会采用这种姿势。

依此类推，日本人在选举期间，候选人往往在肩部披上红布条。这不单是为了引起选民的注目，也是想扩大自己的势力范围，树立起一个至尊的形象来。由此可见，西方国家授勋时，在建立功勋者的肩上斜披上绶带，军队的军官们使用斜接肩部的武装带，其目的并不单单为了装饰，也为了表示一个人的地位和尊严。

耸起肩膀是为了夸耀自我，那么缩起肩膀的意义就与它相反了。缩肩是一种缩小势力范围的动作，是防御心理的反应。它发出了肢体语言上的“不愉快”、“困惑”和“疑虑”的信号。外国人的缩肩动作，除了表达上述意义外，还有“惊愕”和“冷笑”的意味。换句话来说，缩肩说明了这个人对面对的事物提不起精神来，有企图避开对方攻击的意味。

人为地夸大男性肩部是很常见的，这位美国橄榄球运动员看上去十分雄壮，可归功于他那又宽又厚的护肩。

两人在面对面的交谈时，如果一方想要避开对方犀利的话锋，则不宜采用双肩正面对着对方，承受他的挑衅的姿势。这样的姿势只会更激怒对方，并造成自己心理上的重大压力。在这种情况下，不如采用斜着一侧肩膀面对对方来倾听他的谈话的姿势,较为适宜。

这种用肩膀侧对他人的姿势,既不是正面接受对方的挑战,更不是一开始就想畏缩逃避的姿势,而是处于静观对方的态度变化的警戒状态。这是将防御和进攻合为一体的姿态,同样也是古代江湖侠士在跟敌手遭遇时所惯用的一种万全的架势。

肩膀是很会“说话”的,简直可以说,在男人的肩上可以看到一种独特的男性美。名演员都很善于用肩膀来发挥自己的演技,无论是勾着肩膀表示出内心的万分苦闷,还是张开肩膀显示出内心的洋洋得意。借助肩膀的动作,常常能入木三分地揭示一个人的隐衷。

如上所述,肩膀的动作无论是在积极的意义上还是在消极的意义上,均能最直截了当地将自我的存在传送给对方,而且一个人的肩部是绝对不肯轻易让他人侵犯的部位。然而,如果彼此之间是亲密的朋友,却又另当别论了。我们可以从他容许对方侵入他的肩部势力范围到何种地步,来确定他们两人之间的亲密程度。

比如,如果他们两肩相依,或者手与肩互相接触的话,可以确认这两人的关系十分深厚。朋友之间在街上相遇,会采取一手搭在对方肩上同行的姿势,这等于是在说:“老朋友,干得不错吧!”“嗯,好极了。你呢,我的好伙伴?”

这一动作如果用在父子或上下级之间,它的意义也并不改变。均有想把自己的友好情谊传达给对方的含义。

但在另一种场合,用手拍打对方肩膀,却有着双重的意义。比如,当你受到了处分时,或职工被上司劝其辞职之时,也会出现一方拍打另一方肩膀的动作。一方面,他在说:“我对你是友好的,之所以会作出这一决定,乃是迫不得已。”另一方面,他是借表示同情而拍对方肩膀之机,擅自闯入代表着你的男性尊严的部位,是轻视对方人格的表现。用拍肩膀的动作巧妙地把友好意识和威慑态度结合在一起,可以看作是一种软硬兼施的行为。这是一种同时挥舞胡萝卜和大棒的姿态。

不管怎么说,肩与肩或手与肩的互相接触,确实是走向心与心的沟通的第一步。

在人类的社会生活中,我们总是用点头和摇头来表示肯定和否定,这是人类传达情感的一个关键性的表示。而在肢体语言学中,指挥头部做出点头或摇头动作的部位,便是颈部。颈部所传达出的肢体语言的信号,都是以颈部肌肉牵动它上端的头部所发出的情况居多。

不过,颈部表示“是”与“不是”的动作,并不是全世界都通用的。中国和英语国家的人,都采用肯定时点头,否定时摇头的姿势;而在东欧的保加利亚,表示肯定时则左右摇头,让对方看到自己的耳朵;表示否定时却采取先把头往后倒,随即再弹回原处的姿态。印度人亦采用此种表示法。地处中东的叙利亚,则又有所不同。叙利亚人表示肯定时,是将头先向前倾倒,再向后反弹回。否定时则反之,先将头向后倒再弹回,这倒和保加利亚的表示法一样了。

颈部除了能表示出肯定和否定的肢体语言之外,还有一个很大的功能,就是“应和”。所谓“应和”,就是在对方谈话时,一方以点头做应答的动作。一般而言,应和也是一种表示肯定的意思,即你对对方所说的话,表示出赞同、感兴趣、欣赏或明了的意思。

然而,也并不都是如此。当一方觉得你是“老生常谈”而感到索然无味、希望转移话题说些他感兴趣的事时,他就会无意识地用过度频繁的应和来对待谈话者。他这时的应和完全是机械的、敷衍的，完全是出于礼貌才没有公然打断对方的话。在这种情况下，应和者对于对方的话是充耳不闻的，甚至在心底里唱着反调。

那么，怎样才能区别肯定的应和与否定的应和呢？一个人在说话时，会有抑扬顿挫的声调，每句话会有长短轻重之分，如果听者被你的话所吸引，那么，他的应和也会随着你的话而有强有弱，有快有慢。这就是和谈话配合默契的肯定的应和。反之，那种缺乏强弱快慢感的、过于频繁、机械的应和，便是否定的暗示了。

除了肯定和否定对方的谈话之外，应和还有进一步引导谈话更深入一步的作用。

比如，当你肯定了对方的话题正是你所想听的时候，可以轻轻地随声应和。或者，当对方的话题渐渐接近了你所想听的核心问题时，不妨加强应和的动作，一边深深地点头，一边做出摇晃身体似的动作来。对方也往往会紧接着说下去，直到说出肺腑之言为止。

当然，也有相反的情况。如果你觉得他的话题渐渐地偏离了主题，只要把上身稍微往后倾而偏离对方，故意不做出应和的动作来。这样，就会引起对方的警觉而自觉地把扯开去的话题再拉回来。

除了上下点头和左右摇头外，斜着脖子又暗示着什么呢？这是一种表示疑问和犹豫的信号。如果是用力地甩动脖子的话，那么，其中否定的因素就相当强烈了，它正在向你表示“我很难同意你的观点”哩。表示倔强、不服输的心理状态的，是歪扭脖子的动作，俗称“牛脾气”。不错，牛在反抗主人的意志时，往往也会扭转脖颈。人与兽竟是不谋而合呢！

公鸡和雄鹅在争斗时，会竭力伸长并挺直脖子。人也是这样。当他和对方争斗时，就会把头伸向前方，摆出一副昂首的架势。与此相反的是，当他失败时或内心沮丧时，脖子就会变得十分无力，似乎承受不起脑袋的重压而垂了下来。成语“垂头丧气”正是这一姿势和心理的最好写照。采取垂头的姿势，意在使自己的目光向下，可以躲避他人目光的注视。当你看到一个人低着头走在熙熙攘攘的大街上，一定会猜测到，这个人正在被忧郁和苦恼深深地搅扰着内心吧。

还有一种以自我触摸的形式表现出来的姿势，即把一只手搭放在自己的颈背上。大卫·韩福瑞和克里斯多弗·布拉刚在分析这种姿势后认为，这是一种“防卫式的攻击姿势”。他俩在《新科学》这本书中这样解释道：“在需要防卫的情况下，人们的手常不自觉地放到后脑勺上去，但是在防卫性的攻击姿势中，他们把手放在脖子后面，伪装成是在防卫，却意在攻击。”请留意：当一个人怒不可遏的时候，往往会做出把手放到脖子后的动作来。

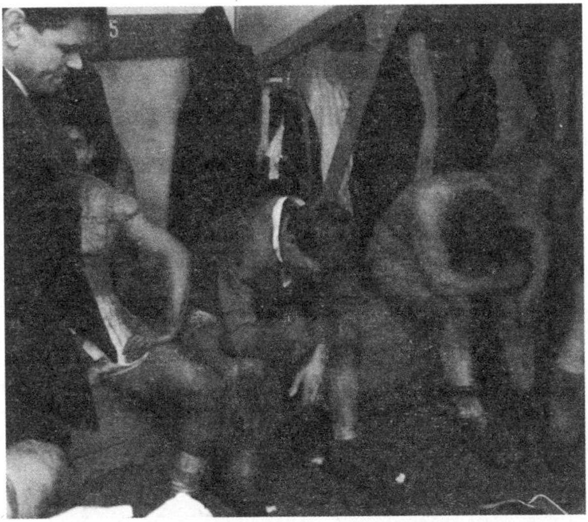

很多关系到头部姿势的颈部动作包含了特殊的情绪意义，低垂的头就是受挫时沮丧心情的典型写照，在那些输了一局很重要的比赛的运动员中最为常见。

手和腕部

俗话说，“眼睛比嘴巴更会说话。”其实，从肢体语言的角度来说，不如改成“手比嘴巴更会说话”。因为，手是人身上最灵活的一个部位，它可以毫无困难地直接表达出一个人的内心情感和任何欲望。

当你非常紧张的时候，当你恐惧万分的时候，由于神经上的作用，会使手掌心出现冒汗的反应。这种由心理到肉体上的反应，是任何人也掩饰不了的。

“手足无措”、“袖手旁观”等成语，是人类千百年来经验的汇聚。它说明，在人际关系之中，手是最有效的情感传递工具之一。眼睛的信息传递是微妙的，而手所发出的信号却是直截了当的。

最佳的实例，便是握手的动作。

在原始时期，两个男子相遇时，用手掩盖性器，以示问候。以后，又演化成双手高高举起，让对方看清自己没有携带武器，以示友好。最后才逐渐发展成手与手互握的行为，这也是为了证明手中并没拿武器，互相可以信赖的意思。在罗马帝国时代，人们并不握手，而是抓住彼此的前臂。到了现代，握手是表示欢迎。手掌的张开表示着向对方敞开自己的势力范围，而手掌的接触则表示合而为一。

人与人之间互相握手，不但有着“用手去了解对方”的目的，而且还能解除对方的心理武装，产生微妙的心理变化，功效可谓神矣！

握手的习惯，各国都不一样。法国人在走进或走出一个房间时，都要和主人握一次手；而德国人只在进门时握一次手；有些非洲人在握手之后，会将手指弄出清脆的响声，表示自由；另外有些非洲人则认为握手是卑鄙的行为。无论如何，与人握手之前最好先了解当地的习惯。在美国，典型的男人之间的握手是很用力的，这可能源于印第安人的角力竞赛。

握手是最常见的动作，但另一只手和身体的附带动作可显示两个握手人的关系亲疏。

几乎是全世界的人最不喜欢握的，是对方又湿又冷的手，出汗的手掌通常是表示神经紧张、有气无力。“死鱼”般僵硬的手掌，也同样不受欢迎，这说明对方并不想和你沟通心灵。在西方的竞选活动期间，竞选的政客们会用这样一种握手的方式，即用右手抓住对方一只手，再把左手搭在互相握住的手背上。或者以右手握手，而用左手抓住对方的右前臂或右肩膀。这种握手的方法，若是用在两个非常亲密的朋友之间，是完全正常的。但是，用在一般的朋友之间的话，就会使大部分人觉得很不舒服。人们会认为这种姿势不够真诚，是一种奉承巴结或表示着虚假的友情。然而，很多政客们还是坚持着用它。

根据国外的一些研究，一个人的个性，也可以从握手中看出。下面便是我们经常遇见的几种不同的握手类型：

1. 无精打采型：这种人握手时，手指头软弱无力，手也握得不紧，常见于悲观、犹豫不决的人。

2. 大力士型：这种人出手猛烈，握时用大劲，活像一把老虎钳，非等对方有畏缩或表示激动的反应时，才肯松手。这是一种性格鲁莽，喜欢以体力标榜自己、好争雄的人。

3. 踌躇型：这种人无法决定自己要不要跟人家握手；当对方断定他不会跟自己握手而把手缩回去时，他又突然把手伸出来，等待和对方握手。这是一种前怕狼后怕虎、遇事迟疑不决、缺乏判断力的人。

4. 保守型：这种人握手时，手臂不愿伸长，肘部的弯曲度成直角，手臂喜欢贴近身体，充分显示出谨慎与保守的个性。

5. 强迫型：这种人从不肯放过任何可以同人握手的机会。不论他是向对方告别也好，访问也好，偶尔邂逅也好，总是不论亲疏地先伸出手来和对方握手。这种近乎强迫性的握手动作，反映出他内心的不安和自卑。

6. 敷衍型：这种人把握手看成是应付人的例行公事。握手时仅把手指头伸向别人，毫无诚意可言。这是一种做事草率、怠惰成性的人。

7. 粗犷型：这种人握手时的动作比较粗犷，不但紧握住了对方的手，还会加上不停地摇晃的动作。这种人具有坚定的意志，秉性刚强。

8. 说教型：这种人先握住对方的手，以示好感，紧接着便滔滔不绝地向对方发起宣传攻势，不达目的，誓不放手。这种人往往是机会主义者，善于利用别人来达到自己的欲望。

9. 统御型：这种人在握手前先凝视对方片刻，或在握手时翻过手腕把他人的手掌压在自己的手掌下方。这种人具有强烈的统御欲，企图通过握手使对方处于心理上的劣势。

10. 自我型：在宴会等多人聚集的场合上，能够很轻松自如地和陌生人握手的人，具有旺盛的自我表现欲。

此外，当你握住他人的手之后，对方如用力回握，则说明他具有好动的性格；若对方回握乏力，则说明他缺乏气魄，是个性懦弱者。由上述可知，在握手的一瞬间，便为你洞开了了解对方的大门。

除了握手外，各式各样的手势和动作更在无声地表达着无穷的意思。比如，同亮开掌心与人握手的动作相反的，便是紧握拳头的姿势。

握拳的手，不但呈现出了内心的自我紧张，同时也是一种非常明确的向他人挑战的姿态。同样地，把手指关节扳得格格响，用拳头击打另一手掌的动作，也是在向对方传达出威吓、攻击的信息。

当内心产生某种强烈欲望时，人很快就会摆出备战的姿态。比如，一个人双手用力地抓住桌子边，便是这一心态的反应。做出这个姿势的人，无论是坐着还是站着，都强烈地在表示出“注意听！我有话要说”！如果你不认清别人的这个姿态和随后即将爆发的情绪，那就可能把场面搞得尴尬异常。

有时，当一个人十指交叉时，不论手是放在桌上或腿上，他常会将两个大拇指互相摩擦或互绕着小圈子。这是一种在寻求保证的动作。这种姿势表明，他在作出最后的决定之前，还有些确定不下来，希望能从对方得到更为可靠的保证。

在讨论会上，一个众人注目的核心人物，常会采用双掌相握的姿势。当有人要求他回答一连串棘手问题时，他尤其会采用这种姿势。而双手紧绞在一起的人，常是精神紧张而难以接近的。

举拳威胁在全球范围内都很常见。但是，由于使用场合不同，有时是高高举拳（上图），有时则并不举拳，但仍具一定的威胁性，因为有着紧握拳头的动作（下图）。

在与人交谈中，不停地用手指头或铅笔敲打桌面的动作和抖脚，用脚尖拍打地面的动作相同，也是想借以解除紧张感。有的人会在打电话时，另一只手不自觉地玩弄着一支铅笔，甚至把它折断了。这不仅说明这个电话事关重大，引起了内心的紧张，而且折断了的铅笔更说明他在这桩事情上受到了挫折。

有的人在开会时，会用手指沾着茶水在桌上乱涂乱画，或干脆在纸上胡乱涂鸦，这种姿态表明，他对会议内容毫无兴趣。

每个人都会用手势来表达自己的内心期待。比如，在期待金钱时，有人会做出食指与拇指互相搓擦的动作，酷似在点数钞票。乞丐把手掌向上摊开，则是期待着他人的施舍。

当小孩看到母亲从市场上满载而归，会高兴得摩拳擦掌，表现出一副期待的姿态。当销售人员得到了一条销售新渠道的消息时，会高兴得连连搓手，期待着能在销售工作中创造出奇迹。

通常，人们在参加某种活动之前，会搓揉双手，像要洗手的样子。这是在无声地传达出他对这项活动很感兴趣。赌博的人，在把骰子掷出去之前，总要先放在两手掌中间搓一搓，或许也是基于期待的心理吧。

还有一种姿势。许多对自己没有信心的人，会神经质地慢慢地把湿漉漉的手掌擦在某件东西上，男人们通常是把手在裤子上搓着，这意味着他心中的紧张和不安。

在许多紧张的场合中，我们还可以看到这样一种动作。某人不动声色地把手指互相交叉了起来，这表示他心里有某种要求，而且希望能达成此愿。当然，手指交叉，在不同的地区也会有不同的解释。比如在某些拉丁美洲国家，这种手指的姿势用来表达两人间十分亲密的关系。

大部分的人要向他人表示真诚和公开时，会采用摊开双手的姿势。意大利人毫不拘束地使用这种姿势，当他们受到挫折时，便将摊开的手放在胸前，做出“你要我怎么办”的姿态。演员也常用这种姿势来塑造个性开放的角色。即使是小孩，当他们对自己所做成的事感到自傲时，便会坦率地将手袒露出来，反之，当他们心存罪恶感或对一个情况怀疑时，便会将手藏进口袋或放到背后去。

不同的手指手势，传达了一个人的焦虑、内心冲突和恐惧。小孩需要恢复信心时就吸吮大拇指；少年担心着考试时就咬指甲；还债的期限已到，欠债人就狠狠地扯自己的头发。有时候，少年人和成年人还会以咬铅笔或钢笔来代替咬指甲。

相反，有自信心的人大都会用手做出尖塔姿势。这就是把两手指尖合拢，形成一种“教堂尖塔”式的手势。这是一种有信心的动作，有时也是一种装模作样的、妄自尊大的、独断而又傲慢的动作。做出这种姿势的人，对他所说的话，都是十分肯定的。

尖塔姿势有公开的和隐蔽的两种形式，女人们常用隐蔽的形式。我们在此看看男人们是怎样运用这一手势来传达他们的情绪的吧。

在国外，职员、律师、学院院士等人较多使用这种尖塔的姿势。根据统计资料得出结论，自视愈高的人，尖塔姿势的位置也越高，有时甚至齐眉，从手掌缝中看人。这是上司与下属关系间一种十分普遍的姿势。

另一种较优雅的尖塔姿势是两手紧合，以双肘为尖塔的基部，这是很普遍的显示出充满了信心的姿态。

有时候，你可以利用尖塔姿势，作为向对方反击的有力武器。当你感觉到对方的谈话中有一股咄咄逼人的气焰时，你不妨故意做出尖塔姿势来。那么，也许正在瞧不起你的对方，接收到你这自信的信号时，一刹那间便会产生一种困惑的心理，而在以后的谈话中慢慢地改变态度。

当你在主持会议或给学生上课时，如果感到会场中或教室里太吵闹，不妨故意做出尖塔动作试试。这就是借着独断和高傲的表示，用以达到威慑学生或与会人员的目的。

两手在身后相握，是表示男性权威性的姿势，因为你若把双手背在身后，必定会导致胸脯挺出。这种姿势也是常常可以看到的，比如，在街上巡视的警察、检阅新兵的军官、训斥下属的上司等等。摆出这种姿势等于是在宣布："这里的一切都是我说了算，你们必须听我的。"

除了直接以手来表达情绪外，有时人们还会用玩弄手中的小东西的办法，来泄露自己的内心隐秘。比如，跟初次相识的人见面，或对弈中的棋手之间，为了排遣自己紧张的心情，会不由自主地玩弄手中的火柴盒、打火机、棋子等等。

但是，这种动作，在谈话时常能吸引对方注意你手中的动作和小物件而使谈话陷入无精打采。如果你想尽早地结束这场谈话，就可以利用这一点，来使对方打住话头或转移话题。

必须强调一点：当你想拒绝对方传达过来的情感时，千万别去碰对方拿出来的物品。尽管手与手没有直接的接触，但是透过该物品，你们已经形成了接触，而演变成接纳对方的信息了。所以上街购物时，尽可能不要去碰店员拿着给你看的东西，因为一旦伸手接触，便跟对方构成了亲密感，容易被说服而买下并不需要的东西。

既然手能表达出那么丰富的情感来，那么，和手紧紧相连的腕部，又会做出什么样的表示呢？

在健美竞赛中，为了显示出自己的力量，竞技者总是将手腕弯曲成 L 字形，露出发达的臂部肌肉，以做出勇气十足的姿势。就是在智慧型的竞争中获胜时，也常见到人们用这一姿势来表示喜悦。人们往往用掰手腕的比赛，来显示自己是一个强者。有的男人，喜欢在手腕上戴手链或者式样别致的手表，也是为了吸引他人的目光，显示自己的力量。

下巴和嘴

下巴即下颚的俗称，从解剖学的角度来看，仅仅是担任发声和咀嚼功能的器官。从外形上看来，男性从下颚骨到颧骨多带有稍许棱角，不像女性较为浑圆。所以男人不论如何改装成女人，他的男性化的下巴也很难瞒过别人的眼睛。而且下巴的形状在一定的程度上决定了一个人发声的音质。

据说，有人从下巴的形状能推断出一个人的性格。比如，尖细的下巴表示神经质，多肉的下巴显示着养尊处优。虽说有一定的道理，但光从下巴的外观形状去判断，还是不够的，必须留意下巴的动作。

提到下巴的动作，我们最容易注意到的是，下巴的向前突出和往里收缩。一个人在重压之下，会做出伸长下巴的动作，扛大包的码头工人，挑重担的农民，都会不由自主地做出这样的动作来。这在生理上来说，是为了扯直脖颈，使呼吸更为畅通。从肢体语言的角度来看，突出下巴的动作，属于攻击性的行为表示。可看作有“扑上去狠揍他一顿”的意图。莫里斯博士曾说，“突出的部位，表示带着有意识侵犯对方势力范围的性格。”下巴的突出也同此理，乃是用来表现自我主张的工具。

有趣的是，英语单词中的“下颚骨”(jawbone)在作动词使用时，具有“极力说服”的意思。同时，英语中把“住嘴”说成 Hold your jaw(缩起你的下巴)。

因此下巴突出的程度越大，则其自我主张的程度也就越高。比如，“颐指气使”的态度、俗称“把眼睛长到头顶上去”的人，都是在尽力地伸长和抬高自己的下巴。采取这种动作的人，心中自认为对方低自己一等，自己很明显地站在优势地位上，而且很有把握地认准自己的主张是无人反对的。

一个自满或者傲慢的人，在走路时就会把下巴抬得高高的，即人们所说的“高视阔步”或“趾高气扬”的姿势，这也是大独裁者墨索里尼所采用的姿势。

人们在发怒时，经常将下巴伸向前方，这也可以看成他想把自己的愤怒情绪扔向对方的一种攻击性欲求的表现。另外，下巴突出不明显的男性，乃是缺乏自我主张的人，此种说法也是源于以上的论点。所以，人们在漫画中，总是把富于竞争性的美国画成翘着下巴的“山姆大叔”。特别有趣的是，漫画家还让“山姆大叔”的下巴上长了一绺山羊胡子，使得“山姆大叔”的翘下巴更为显眼。

在生活中，也有人为了显示自己的威严而精心蓄留胡子，这是为了使下巴更为突出。

比如，日本明治天皇蓄的胡子，外表上看来，似乎仅仅是为了显示男性美。其实不然。据说，当时日本山县的“象征设计者”们，为了提高日本天皇的威严，精心设计了这胡子的样式，经天皇批准后才采纳的。还有，大独裁者希特勒，据说他疯狂地迷上了卓别林式的短髭。他留这种胡子的目的，是为了激起当时的德国民众的激昂情绪。那种卓别林式的短髭，据说可对他人产生强烈的魅力，满足他那种“想受人注目的欲求”。

以上所述，虽是留在嘴唇上方的胡子，但留在下巴上的络腮胡子，也和它们起着一样的作用。有些国家的领导人物，就用胡子来树立在民众中的形象，例如，胡志明的长胡子、卡斯特罗的络腮胡子，等等。在中国的传说故事中，只要那些法力无穷的神仙一上场，往往总是留着拂胸的长胡子。在国外的电视剧里，当一个威严的老人上场时，也往往总有一下巴的漂亮胡子。由此可见，突出的胡子也是用来表现男性强烈的自我主张和刚毅人格的。

一般以为，蓄小胡子反映出这个人要证明自己富有男子气，但是，他将脸部的毛发限制在这么一个小小的上唇区域，并加以精心修剪，表明他有很强的自制力。

然而，又有个奇怪的现象出现了。当我们在工作中或社交场合里认识了一些蓄留胡须的人，一旦跟他们深入交往后，就会意外地发现，这种人多半是属于懦弱、缺乏个性的人。这又怎么解释呢？原来，这种类型的人，是想将他在语言上、行动上所不敢表现的自我主张，用蓄留胡须的行为来得到补偿。

伸出下巴是为了表现自我，那么，缩紧下巴，又含有什么意思呢？

当外国贵宾下了专机，在《迎宾曲》中检阅三军仪仗队时，那些仪仗队的士兵们个个保持着直立不动的标准姿势。他们保持头部正直、缩下巴、两眼直视前方、挺胸、收下腹、两手自然下垂的姿势。表现出了“泰山崩于前而色不变”的军人气概。

这种由军队严格训练出来的姿势,很明显地表达着它的意思。直立不动地挺直腰背,亦意味着服从。同样,缩紧下巴的动作和直立、一动不动的姿势一样,也是一种顺从心态的表现。它表示,不仅不敢侵略对方的势力范围,而且还在有意地缩小自己的势力范围,甘愿接受对方的侵入。它表示了绝对的服从。

国外的一些做父母的,往往告诫孩子们在客人的面前,必须缩起下巴,否则就会显得没有礼貌。

一般来说,西方人在愤怒时往往做出下巴伸向前方的动作,而东方人则往往相反,愤怒时以缩下巴者居多,这是因为东方人往往深藏不露,以便攻击时能趁敌不备。西方有句谚语说,“缩下巴的人最阴险。”所以东方人在愤怒时缩起下巴,其内心却潜藏着极为复杂的情绪,由此可看出东方人不同于西方人的复杂而又微妙的内在心理。

除了下巴的本身动作外,和手配合,下巴亦能发出一系列的信号。

当一个人陷入沉思之际,往往会无意识地抚弄下巴。当人得意洋洋时,也会摸着自己的下巴。如何区别抚弄下巴时这两种不同的心态呢?这就要结合其他动作来看了。从肢体语言学的观点来看,这是属于自我亲密性的表现。当人在丧失信心、不安、孤独、话不投机的尴尬处境下,借着触摸自己的肉体,来掩饰心态,安慰自己。

雕塑家罗丹所塑造的不朽的艺术品“沉思者”,就采用了手托下巴的姿势,谁看了这个雕塑,会去怀疑这不是一个在深深地陷入沉思的形象呢？

当一个人表现出极大的兴趣和注意力时，也会采用手托下巴的姿势。比如，小孩子坐在台阶上，会用这样的姿势看着台阶下大人们的活动；青年人和老人也会坐在街边椅子上采用这种姿势注视游行队伍或孩童们的戏耍。

有时候，你以批判性的态度在评估对方时，会把手指捂着脸而用手掌托住下巴，也有用食指伸在脸颊上而用拇指托住下巴，其他手指蜷曲着放在嘴唇和下巴之间的，采用这种姿态的人，思想是严谨的，而且持有强烈的批判态度或想用截然相反的意见去说服对方。

下巴的上方便是嘴。嘴不但是说话的工具，同时也是摄取食物、呼吸的器官，而在肢体语言方面，嘴也有其特殊的作用。

不知你注意到了没有，有的人在说话的时候，会用手遮住嘴巴，或把嘴凑到对方的耳朵边去，即所谓的“交头接耳”。用手遮住嘴巴的动作因人而异。有的用整个手掌贴近鼻子来遮住嘴；有的用微微分开的手指来遮住嘴；有的会把双肘撑在桌面上，用重叠的双手遮住嘴。然而，不管他采用哪种姿势，这种肢体语言都在表示他存在着提防他人的警戒心理，采取了不愿被他人识破自己本意的防御姿态。打电话时，用手捂着话筒说话，亦是这一类型。

因为嘴是属于语言的传达器官，用手遮住嘴，是为了避免被他人看见该器官而表现出的“隐匿”行为。这种行为在不同的场合表示着不同的意义。

达尔文曾说道：“以手掩嘴是一种吃惊的姿势。有时一个人对他所说出的话感到抱歉或吃惊时，会这么做。这动作好像是希望能制止我们所说的话，虽然这话已脱口而出了。”执法人员认为，说出话后突然以手掩口的人，暴露出一种由自我怀疑到完全说谎的情绪。所以当执法人员在审讯或讯问嫌疑犯与证人时，特别注意这一动作。

许多做父母的，也常会在孩子身上看到这个动作。当孩子向父母说谎时，就会情不自禁地用手掩嘴。以手掩嘴的动作，在这种场合时表明，他对自己说的话毫无把握，而企图将它一笔抹杀。一个美国联邦调查局的工作人员说，由于严格的保密要求，他在公共场合和同事谈话时，养成了以手掩嘴的姿势，以防别人偷听。结果，习惯变自然，他回家后和父母说话时，也习惯地用手掩住了嘴，他的父母便说："儿子，你用不着提防我们，不必捂着嘴说话。"在父母的监督下，他这一坏习惯才渐渐改掉。

于是，有人便故意利用这一姿势来达到自己的目的。人们有这样一种心理，往往相信偷听来的消息具有较高的可靠性。就像那些小道新闻吧，为什么能传播得那么快，就是因为有许多人是从公共场合"偷听"来的。在日本曾发生了一起丰川信用金库(银行)被抢兑的骚动事件。事件发生的起因很简单，有几个女子高中的学生，故意开玩笑地在公共场合用手掩着嘴窃窃私语，说："那家银行，好像很不可靠哟。"结果，被人偷听而去，一传十，十传百，存款人争先恐后地挤到银行去取款，人潮将银行围得水泄不通，最后演变成暴乱。

一个人在发言攻击对方的时候，往往会撅起嘴唇来说话，这样可以使嘴处于张开状态，更有利于舌头在口腔里机动灵活地转动，使攻击型的话源源不断地从"炮口"似的嘴唇之间"发射"出去。当然，一个人激动时，也会做出同样的动作来。

从听者的角度来看，如果对方在很注意地倾听你的讲话时，嘴唇的两端会呈现出稍稍拉向后方的状态。当他的嘴角向下斜时，

当人紧张时，用嘴接触某种东西可以暂时重温当初含着母亲乳头时的安慰感，如图中吸烟和吸塑料奶嘴。

则表明他正在忍受着内心的痛苦。当然，用嘴去“吻”，去“吮”，去“舔”，往往是带着爱的心理。

此外，叼在嘴上的烟，也在无声地发出肢体语言的信号。在我们的周围，可以观察到人们用各种方式来处理香烟的姿势，包括点火、抽烟和按熄烟头、抖烟灰等。有些人的姿势有条理、优雅、小心而又自信；有些人不看着香烟就无法思考，仿佛香烟上有锦囊妙计一样。另有一些人则借香烟来平静心情，每当紧张时就把烟叼在嘴上。

有些男人常用嘴咬住烟尾，使烟尾被唾液所润湿。带有这种习性的人，强烈地遗留着不成熟的幼儿心理。因为用湿嘴粘兮兮地咬住烟尾的行为，跟婴儿吸吮乳头的行为如出一辙。

鼻子和耳朵

五官之中,鼻子和耳朵所能表达的肢体语言比较简单。鼻子和耳朵本身并不会动,完全要靠头部和手的动作,才能传达出它所要表示的意思。

17 世纪法国哲学家帕斯卡尔曾说过这样一句名言:“克莱奥佩特拉(古埃及艳后)的鼻子如果低一些的话,整个世界历史将会重写!”

鼻梁长得高低,固然和人的容貌有关,但从肢体语言上来看,是否和人的性格、情绪也有关系呢?有一位日本的整形外科医生,根据他多年的临床经验,得出这样一条结论:一个性格内向的人,一旦接受了隆鼻手术之后,常会摇身一变而成为倔强之人。那么,东方人的含蓄内向和西方人的外露开朗,是否也和西方人的鼻梁普遍地比东方人高而有关呢?这还有待于进一步的观察和研究。

有人说,鼻子长得高的人傲慢。可鼻梁高挺而待人谦逊者,生活中几乎到处都可以碰到。那么,人们为什么会有这种似是而非的看法呢?原因是,他们把天生的鼻梁高低和故意挺起鼻梁的动作,混为一谈了。

在东方人中，偶然耸高鼻子或是脸颊稍许向上提起，就现出了板起脸的表情；从肢体语言的角度来分析，便意味着：自我势力范围的扩大，便被人看作是妄自尊大、傲慢、倔强等。反之，要把对方的气焰打下去，人们常常会说："看我不砸断他的鼻梁骨！"虽然，并不是当真要"砸断"某人的鼻梁骨，但从此也可看出，他不能容忍对方以耸起鼻梁来扩大势力范围。因为对方通过使劲耸起鼻子的动作，使得鼻孔对着他人，其视线必然是由上而往下看，这是一种鄙视他人的表现。

"鼻孔朝天"，这似乎在世界各地都是用来形容一种不高兴或拒绝的姿态。即使连婴儿也知道要别过脸去，以表示拒绝他所不喜欢的食物，而且他们会尽量把头向后仰以致鼻孔朝天，似乎在逃避那种他们所讨厌的气味。伴随着这个动作出现的，常是一种被形容为"从鼻孔下面看人"的低垂眼神。

不论男女，在跟人交谈的时候，往往会做出抓鼻子、摸耳朵的动作来，这些姿态，相当明确地反映出人类的潜意识情感。

比如，你请他人帮助你完成某桩事情时，倘若对方做出用手摸鼻子的动作，你应该知趣地意识到，他接受你请求的可能性看来不大，还不如说他拒绝了你更为确切。

摸鼻子或者用手擦鼻子，往往表明此人情绪紧张。

如果你迫不得已跟一个你所讨厌的人交谈，要想尽快结束无意义的谈话，不妨用手接二连三地去摸鼻子，再加上不断地交换着架起腿或用手拍打桌子等动作，便是有效的办法之一。

另外,用手摸鼻子的行为,如果再加上身体前屈的动作,它所表示出来的信号,又有所不同了。如果是在会话时做出这种姿势,等于是在说:“你的话怕是靠不住吧?”表明他心存怀疑。

在生活中,我们经常可以看到,一个人,当他遇到难题时,往往会不自觉地去摸鼻子。有一个富有经验的业务人员说,他在参加谈判时,总会去观察对方是否去摸鼻子,以决定自己应该如何提出相应的提议来。他敏锐地观察到,当对方在隐瞒他的真正意图时,在讲话和听话的时候,便会用手去触摸鼻子。当谈判比较顺利进展时,他摸鼻子的动作就相应地减少了,最后,当提出可认可的最终协议时,对方竟然没有再摸鼻子,反而把身体向前移到了椅子的边缘上,紧接着,协议就达成了。所以在谈判中摸鼻子的动作,可以使我们从一个侧面了解到谈判的成功与否。

和摸鼻子的动作容易混淆的,是捏鼻梁的动作。它和摸鼻子的动作所表达的意思不同。

我们在出席一个会议时,在出席者中间,也许可以发现有这么一两个人低着头,做出了捏鼻梁的动作。在这时候,如果你问他:“你的意见如何?”他一定会缄口不答,甚至还闭起双眼。原因何在? 这是因为,他正借着捏鼻梁的动作,下意识地想将难以回答、无从决定等内心产生的矛盾,传达给对方。

所以这种通常伴随着紧闭双眼的捏鼻梁的动作,表示他正极为关心并深思着他所要作出的决策。一个内心处于矛盾冲突中的人,用手捏捏自己的鼻梁,好像是要证明,自己是陷在真实的困境中了,还是那不过是一个噩梦而已。经商的人,常用这种姿势来表明,他陷入了困境之中。当他这样做的时候,我们绝不可以去打扰他,只能保持安静,等着他想出个头绪来。

一位律师曾经说，他认识一个法官，总是用这种姿态来表达出他对案件的想法和感觉。假如法官相信被告有罪，他就不会摘下自己的眼镜。而若是他相信被告是无辜的，就会摘下眼镜来，用手捏住鼻梁，有时还会闭上眼睛几分钟，内心挣扎着对被告的重新评估。

反之，你也可以有意识地运用这种潜意识的姿势。比如，在众说纷纭的场合，如果你为不能随心所欲地发言而感到困扰，就可以捏着自己的鼻梁，做出沉思的神态来。那么，其他的人一定会想："咦，他究竟在想些什么呢?"于是，大家的视线会不由自主地集中到你的脸上，给你创造了开口发言的机会。因此，也可以这样说，捏住鼻子的动作传达出了希望大家听我讲的信号。不信，你可以试试，往往会使你达到预期的效果。

至于在谈话中发生扯耳朵或者摸耳垂的行为，则是想要打断对方说话的潜意识的表示。在幼儿园里，老师就教我们学会了举手发言的习惯。成年后，我们明知举手是让人知道我们有话要说的信号；但大部分人却不愿使用它，觉得未免有些太一本正经了。所以我们通常把手举到一半就缩了回来，而改变成一种扯耳朵的微妙动作。同时，摸弄耳垂的行为属于自我触摸的范畴；如果对方的话题很乏味、无聊，或对话题内容产生反感时，利用手摸耳朵的举动，既是表示要打断对方的话题，又是想借自我触摸来消除内心浮躁不安的情绪。

不过，你千万不要把一种紧张的重重扯耳朵的动作，也当作是一般的想打断你的话头的信号。有些人，在内心焦虑或紧张不安的时候，往往会做出扯耳朵的动作。就像另一些人在心里烦躁不安时，鼻尖上会冒出大量细小的汗珠一样，这又是一种心态的特殊表现。

头与头发

德斯蒙德·莫里斯博士曾对肉体的自我触摸做了一项研究、分析,观察的对象是数千例各种人的行动。结果表明,人体承受接触的部位中,接触频率最高的是头部。虽然头部仅属人体表面积的九分之一,但自我触摸行为竟有半数以上集中在头部。

于是,莫里斯博士进一步研究,发现触摸头部的动作可细分为650种不同的种类。然后,他将这650种触摸再做整理,归纳成4大项:

1. 属于隐蔽动作的接触。这种接触,包括对噪音感到不耐烦时的用手掩耳,或光线过强时用手遮眼,气味过烈时用手捂鼻等动作,这种动作是为了挡住外界的强烈刺激侵入感觉器官。此外,当内心万分痛苦而哭泣时,用手捂着脸的动作也属这一范畴之中,这是一种企图掩饰性的势态。

2. 属于整理身体动作的接触。这一接触的具体特征是,将手举向头部做出"抓"、"擦"、"摸"等动作,这种动作本来是用以维护头部清洁而用的,比如头皮屑过多时搔头等,但是,当我们脱离本来的目的,陷入情绪混乱或紧张状态时,往往会做出类似整理头部的神经质的行为。

比如，男性方面最普遍的“抓头”动作，大致可视为不满、困惑、害羞、痛苦等心态的直接反应。因此，在这种时候，往往兼有面带赧色和喘气的现象。

如果你打开电视机，去看一场美国的橄榄球赛或棒球赛，你就会发现，橄榄球赛中那个失误的队员往往会猛力拉扯自己的头盔，然后对着天空咒骂两句。而失误的棒球运动员，则常会脱下帽子来，用手把头发往后一掠，抓抓后脑勺，然后踢起一溜尘土。

那些急于做成生意、全力向顾客保证货物已如期运出的贸易商，也常会出现这种抓头发、搔后脑勺的动作。

东方人在害羞的时候，一边抓头，一边哑然失笑的情形也很多。

另外，当你脑中在快速思考，或者当你面临着燃眉之急的重大忧虑时，你的手就会不由自主地伸向头部，做出摸头发、搔头的动作来。

3. 特殊象征的接触。为了强调正在用脑筋思考，用手指或笔“咚咚”地敲头，或者用手掌贴着头部不动等动作，就属于这一范畴之中。在痛苦或思考中两手抱头，也是这种象征性的特殊接触。

当人感到困惑而搔搔头时，便会做出这种动作——这是其内心矛盾的反映。

东方人对一件事物不能理解或感到莫名其妙时，伴随着脑中的飞速判断，常会做出一种十分普遍的歪头动作。而欧美人一般则将手掌贴在太阳穴附近表示他正在对这一事物进行思考。另外，也有不少人喜欢用手指轻轻点着太阳穴，也属同一心态的表现。这种动作无疑是一种表示"疑难"的信号。同时，下意识地按住人体的要害部位之一的太阳穴，可以看作是想刺激思维活动加剧的一种行为。

至于欧美人在陷入自我惩罚的心理状态时，也有伸直食指戳着自己的太阳穴，做出用手枪来射击自己脑部的模仿动作，这是一种象征性的自杀动作，其目的在于假借这一动作来掩饰内心的尴尬和困窘。

此外，这类象征性的接触，还包括突然记起了一件事或恍然大悟时，使劲拍打自己前额的动作。

4. 自我亲密性的接触。这类接触的目的，是为了获得精神上的安定，是下意识所形成的心理作用所造成的。在这一类的头部接触中，我们最常做出的动作，就是一肘靠在桌面上，用手掌支撑着一侧头部的姿态。

肉体上的疲劳，并非是造成这一姿态的主要原因。在这个时候，当作头部支柱的手，实际上已起到了超越手的本来机能的作用。这只手在心理上变成了拥抱自己，给自己以安慰的"朋友"。即用自己的手来代替朋友，给自己以亲密性的快感。

除了这种以手撑头的动作之外，在我们经常做出的动作中，还有一种并拢中间三指或四指，手背朝外，轻轻拍打额头的行为。这种姿势大致上可看作是腼腆、困惑心理的表现。其动机在于尝试用紧贴额头的动作，去克服精神上的不平衡。

从上述四项可看出，自我触摸头部的动作，不论哪一项，其旨在追求精神上的稳定的动机，都是相同的。用手触摸自己的头部是这样，那么，用手去触摸他人的头部，又意味着什么呢？

如果在年轻的情侣之间、夫妻之间或父母与子女之间，手部与对方头部的接触或双方头部互相接触，毫无疑问，这是发出了爱的信号。但是，这种现象如果发生在关系一般的两个男人之间，其意义就大不相同了。

对于这一问题，莫里斯博士举出了三种结果：1. 向对方伸出了友好的援助之手；2. 向对方表示祝福；3. 向对方进行攻击。

我们在电影里或生活中可以看到这样的镜头，当一个战士在战场上受了伤，他的战友往往会上前抱住他的头；同样，当一个工人从高处跌下来时，旁边的人也会冲上去抱住他的头。由此可见，任何人想帮助受伤的对方时，首先想到的就是保护他的头部。这就证明了第一点的动机。

至于第二点，我们从宗教仪式中就可看到。教皇或主教、神甫等神职人员，会将手按在他人的头顶上，给以祝福。同样，佛教中的高僧也用这同样的行为，给信徒们消灾免祸。

最为有意思的是第三点，当双方拳打脚踢地进入真正的生死搏斗时，以手攻击他人的头部，当然不难理解，那是欲置对方于死地的一种表现。可是，当两个朋友之间互相拍打对方的头部或摸对方的后脑勺时，这种假装攻击的姿态，却是内心友情冲动的一种表现。他们在无所顾忌地触摸或拍打对方头部时，往往故意做出一种挑战的姿态，一方面显示出自己的男性气概，同时又可满足互相间的亲密感。

头部的肢体语言，并不限于前面所说的接触性动作。就是在头部本身，也会时时呈现出来。美国有一位研究肢体语言的博士发现，当一个人说话的声调提高时，他的头部也会随之提高，而当他要结束他的话时，随着音调的降低，头部也相应地放低下来。当他继续说话时，不但声调保持相同的高度，而且头部也挺得笔直。

事实上，如果你不想和对方交谈下去的话，不必做出扭转头去等等表示厌烦的动作，只要有意地降低说话的声调并相随着低下头去，就能使对方接收到你想尽快结束这场谈话的信号。为加强这一效果，你只要在低下头去时，再配上看手表的动作，那么，你更能成功地达到你的目的了。

这种低头的动作，和鞠躬时的低头，在意义和形态上完全不同。一个人对他人所怀的敬意越深，那么他鞠躬时低头的程度也就越大。令人深感有趣的是，小孩子往往不会做出笔直低头的动作，所以往往是歪着头鞠躬。但是，长大成人之后，如果他在鞠躬时仍然歪着头，则说明这个人的身上还保留了许多幼儿的精神结构。换句话来说，这说明他在心理上尚未完全成熟，是社会履历不够的表现。

当然，一个人在显示其优越的时候，是高高地昂起头来的。最为常见的姿势是，身子向后倾，背靠在沙发上或椅背上，两手枕在后脑勺上，有时还伴随着跷起二郎腿。要是有人面对你这样坐着的话，你的心里一定会产生这样的看法："这个人很自大，一定喜欢卖弄自己的学问。"这种身体向后倾、双手枕着后脑勺的姿势在美国人中最常见，尤其以西南部的男人为甚。

尼伦伯格·卡莱罗博士为了研究这个姿势画了一个男性的白人移民者，带了一把枪坐着，两手枕着后脑勺。然后，他让其他人来分析。立即有人认为，对于移民者来说，随时迅速拔枪是十分重要的，但这种两手枕着头的姿势，显然是不利于拔枪的，这表示，这个白人移民者松弛了他的挑衅态度。

头部的另一个重要部分，便是头发。古往今来，有许多对于头发的形容和传说，这里不一一赘述了。头发的肢体语言，是由"发型"表达出来的，它不但能反映出一个人的个性和欲望，同时也是这个人所属的社会团体的记号。

在中国传统社会中，对头发是非常重视的，有所谓的“身体发肤，受之父母，不敢毁伤”的执著观念，要是剪发，就会被看作是忤逆不孝的行为。辛亥革命后，为了扫除清王朝的势力，首先就是革辫子的命，剪不剪辫子是检验一个人拥护不拥护民主主义革命的试金石。

可见，头发对于一个人所处的环境、所处的时代有着不可分割的联系；同时，头发也能反映出各人的心理状态。只要一上街，就能看到形形色色的发型，使头发的肢体语言的表达，更加丰富多彩，细腻入微。

刚兴起男子烫发时，便抢先一步去试行的人，不是爱冒险好出风头的人，便是对环境的适应能力很强的人。经常改变发型的人，反映出他心理的不成熟，容易盲目听信他人之言，具有易受他人煽动的性格；同时，也表示出他很少会执著于自己的喜好。一般而言，他的脾气随和而为人又率直真诚。

头发是和别人见面时，最先入目的部位。所以从另一个角度来看，要达到扩大势力范围的目的，头发确实是最合适不过的部位了。剪短的头发能使毛发根根耸立，借以达到充满战斗气氛的目的。这和猫发怒时，表现出的弓背耸毛的状态相同。因此，“板刷头”可看作是充满了攻击欲的表现。

美国军队在新兵入伍时，强制性规定新兵要剃 GI 式短发。当以蓄留油爆式发型而备受观众青睐的猫王普莱斯利入伍也被剃成了 GI 式短发时，曾在社会上轰动一时。军队规定其一定的发型，就体现了某一团体用专一的发型来与其他团体相区别，表明了团体的团结以及个人对团体的隶属意识。不但是军队，就是其他的团体也有这种情况。比如，日本的相扑队，队员一律四周剃光仅留头顶上一绺头发；欧美的嬉皮士，则都留怪异的长发，等等。

在传统观念上,长发一般为女子的发型,但众所周知,美国的嬉皮士们首先兴起了男子披留长发的做法。他们以这种发型,来象征着对现有权威、权力的反抗意识。

至于男子蓄留“爆炸头”(非洲发型),也是美国黑人用以表明强烈的民族自尊心,并抗议种族歧视的一种意识表现。当然,无论是长发还是爆炸式,当它成为一种流行发式以后,就失去了它原有的意义。

在民族社会中,人们无法忍受身为人类而面目粗鄙、单调乏味的兽性,故此,一些年轻男性花很多时间在装扮上,尤其是对头发的装扮。即使在现代都市那钢筋水泥的荒漠中,依然有不少对千篇一律的反叛。在20世纪80年代,风格迥异、造型夸张的各式发型风云再现。

有这么一句话:“一个人对社会习惯的忠贞与否,完全表现于发型之上。”虽然,在当代社会中不再像过去那样有严格的界限划分,但这一点或多或少仍遗留在人们的意识之中。从国外的情况来看,白领阶层的人往往梳理三七分的发型,而娱乐圈中的工作人员常见蓄留长发,在读的学生均剃成学生头等等。这说明,他们以发型来传达自己属于的阶层,并表示出自己对此一圈子的忠贞不会改变。

也有的人,在参加工作前把自己的头发剃短。这种行为在表示他对今后所隶属的团体的忠贞,同时,也可以说是他在面临新的生活之际,为了表示自己有决心经受新的环境的考验。

基于上述意义,一个人遁入空门出家当和尚时的“剃度”,便是一个典型实例。“剃度”或“落发”的仪式,就是利用剃光头发所产生的肢体语言,极富戏剧性地象征着“抛弃凡尘”的意识转变和终生事佛的决心。

日本相扑界的大力士在引退之际所进行的“断发式”,也与上述意义相同。至于,中日围棋擂台赛中,日本棋圣表示,若输给了中国的话,便要剃光头发,这一方面表示了他要力争胜利的决心,另一方面也和盘托出了他的隐蔽心理,即失败后以剃光头发来向日本国民谢罪,并期望着随着头发的重新长出而卷土重来。

国外有些研究认为,从一个人头发的质地和色泽,可以判断一个人的性格。

男性各类头发:

头发似钢丝,既粗硬,又浓密如刺猬者:此人事必躬亲,有气魄,有领导才能。可惜的是,他常不顾家。

发粗而色淡、硬而且疏者：此人刚愎自用，喜驾驭别人，度量狭小。他最大的特点是，有点小聪明。

发黑如墨，密如云，软如丝者：性好逸乐，度量宽宏，吃苦耐劳，喜欢处处依赖他人，是理想的游伴。

发虽柔软，却极稀疏者：此人好出风头，爱与人辩论，同时目中无人，妄自尊大，做事情没有判断力，日常生活中常犯疏忽、健忘的毛病。

发虽柔软浓密，却不易梳平者：此人个性软弱，容易脸红，做事犹豫不决，是神经质的男人。

发浓密粗硬，却能自然下垂者：这种人大多数身体较胖，不大喜欢活动，细心多情，爱情专一，是理想的丈夫。

发鬌相连，粗浓如刺猬者：此人个性鲁莽，豪迈不羁，有侠义心，爱多管闲事，不拘小节。

发色淡、疏而粗硬且不平者：思考力敏锐，有演说天才，能屈能伸。最大的缺点是，好占便宜，最终不免吃大亏。

发浓密柔软，自然下垂者：性情内向，喜沉思，有耐心，艺术家、科学家出于此种发型者多。

发自然向内曲缩，如烫过一般者：此人性情激烈，事事患得患失，事事猜疑，常常心情紧张。

发根曲缩，发梢平直者：此人自以为是，有我无人，喜欢独断独行，没有通融心和同情心，是家中的暴君。

发色黑中带赤者：此人挥霍无度，喜交结异性朋友，性欲甚强，用情不专，是女性最应注意的危险人物。

脑后的发色黑白交杂而生者：此人多愁善感，忽喜忽忧，爱自作多情，睡中常讲梦话，是神经衰弱的象征。

脸　部

脸部是人体中传达肢体语言、进行非语言情感交流最频繁的场所。我们终日与他人面面相对，在说话的前后，看对方脸色，大致便可了解对方的心理状态。于是，我们在不知不觉中，经历了长年累月的“察颜观色”的训练。

的确，从肢体语言的角度上来说，最基本的技巧便是“阅读”对方脸部的表情。人们在这一点上，可以说是已经达到了炉火纯青的地步。就是连 3 岁的小孩，也懂得怎样看大人的脸部表情，而绝不会将哭脸与笑脸混淆。

观察这种人类内心自然表现的坦率表情，是人人都驾轻就熟的。然而，人类在有时候的情感表现，并不那么率直。潜藏在人类内心深处的种种感情和欲望，在一个特定时期内，由于在内外因素的影响下，使脸部表情在表现上会变得十分复杂。这种情况在生活中很多。

平常熟识的脸部表现，不用在此啰嗦；我们将要从肢体语言的角度去分析的，是那种在内心悲痛时却放声大笑、在情绪激动时却呈现出漠然无表情的现象。我们将以在人类表情中，最难了解的笑与无表情为中心，来做进一步的探讨研究。

比如，在公共汽车或在医院候诊室里，有许多人坐在一起。他们互相之间并不交谈，你怎么能看出他们都是陌生人，或其中有两三个是熟人呢？从他们脸部的表情，就可以了解到这一点。

如果是关系较亲近的人坐在一起，即使互相不看对方，面朝前，也可以在他们脸上感觉到那种若有若无的浅浅笑意。更正确的说法，莫如说他们的脸部表情中浮现着一种难以形容的恬适感，共同表现出亲人或朋友就在身边的安心感。

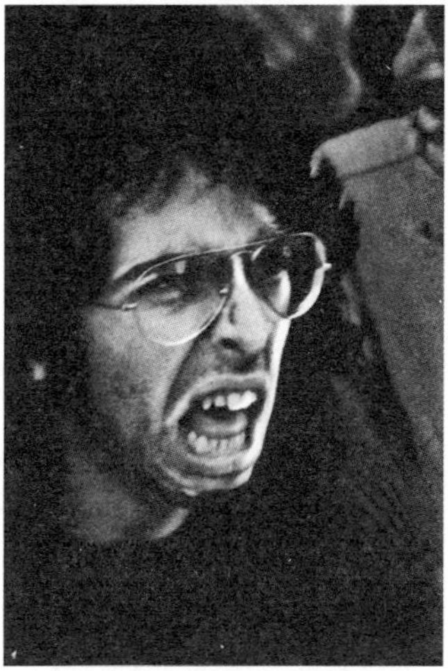

男性脸部的动作往往要比女性来得复杂，如图中这个男子的脸部表情，反映出他既愤慨又恐惧的情绪。

有一位研究肢体语言学的学者，某日下午坐火车去某地，在车上发现一位年轻女性流露出一副极为高兴的神情。当时，学者猜想，大概是她心中有什么特别高兴的事情吧，结果，当她准备下车时，却搀扶起一个相当高龄的老人。原来，她所以那么高兴，是因为和爷爷在一起。

像这种毫不顾忌他人的眼光所表现出来的笑容，便是最真挚的情感。

当一个人肩上背着大挎包，手里拎着旅行袋，急匆匆地向地铁列车赶来时，车门却关紧了。他一边眼睁睁地看着地铁列车离去，一边跺着脚懊恼不已，脸上却浮现出一种笑容。

这种情形的笑容，当然不是愉快感情的流露。如何解释这种笑呢？原来，那个赶不上地铁列车的人，由于自己的狼狈和窘相毕露，便把自己作为嘲笑的对象，企图掩饰内心的焦灼感和失望感。

这种自嘲现象，相信你在生活中，一定也碰到过。

还有一种咧嘴傻笑的现象，也属于上述范畴。这种傻笑，是为了向他人表示，自己并不介意陷入了不利的或尴尬的状况中，而以笑的行为，企图得到精神上的自慰，使心理安宁。

如上所述，假如我们不相当深入地去推敲对方的真实心理状态，往往无从了解他人笑的真意。同样，我们也可以利用不同的笑作为手段，以达到驱逐不速之客，或对付难以应付的对象的目的。

比如，有经验的服务员，面对蛮不讲理的顾客，往往既坚持原则，又报以微笑。这种微笑，并无攻击对方之意，却有助于传达婉转的拒绝或感到为难的信号。

如果你的这种微笑，还不能使对方就此罢休的话，那也没有关系，你还可以使出另一招“撒手锏”。那就是，突然中止你的微笑。

突然中止微笑的肢体语言，在传达着这样两种意思：“你的话，我一概不同意”或“我跟你并无共同意识”。于是，喋喋不休的对方也会开始感到不安，并顿悟到你所发出的拒绝与警告的信号。他尽管会表面上仍然故作镇静地应酬几句，但尔后很快就告退离去。

当然，那种在露出笑容之后，立刻又板起面孔者，都是相当难缠的人，万万不可对他掉以轻心，因为若是个很平常的人，由内心的欢愉发出微笑后，笑的余韵必然会残留在脸上，慢慢地褪去。而那种不管在何时何地何种情况下，脸上的表情变化简直像按动开关一样，说来就来、说去就去的人，说明他极有心机，乃是需要加强防范的人物。

除了笑脸外，还有一种毫无表情的脸，即我们往常所说的严肃的面孔。

脸上毫无表情的人，并不是说他的内心也毫无情绪，恰恰相反，隐藏在这张毫无表情的脸后面的，是一颗比一般人还要感情丰富的心，蕴藏着更为激烈的内心情感。换一角度说，正是他的内心情绪过于丰富了，为了掩盖真情的自然流露，不让人洞察他的内心，所以便故意做出一副毫无表情的面孔来。

如果两个人正在激烈地争论，A君一开始就口沫横飞，态度异常激昂，可是说着说着，A君逐渐闷声不响了，露出一副无表情的面孔。这时，如果B君自以为自己的观点已经压倒了对方，A君已被说服了的话，那就大错而特错了。一无表情的脸，并不是因为A君理屈词穷了，而是由于他比先前更坚持自己的原来立场了，一无表情的脸所发出的肢体语言的信号，比采用锋利的言词或露骨的困惑、厌恶更具有强烈拒绝的姿态。结果往往是，B君反而在A君的一无表情的面孔前支持不住了，在论战中打了败仗。

有这么一个小故事：洛克菲勒年轻的时候，一天，一个愤慨的男子闯入了他的事务所，大摇大摆地走近他的办公桌，用力拍着桌子大声嚷嚷道："洛克菲勒先生，你为什么嫌我？我想问问你，是什么道理？"

看到这男子如此无理地斥责洛克菲勒，办公室里的其他人以为洛克菲勒不是把墨水瓶向他掷过去，便是会叫人把他赶出去。出乎意料的是，洛克菲勒放下笔，微笑着望着这个气势汹汹的人。

这一来，那个男子的气焰渐渐平了下去。洛克菲勒变得一无表情地听着他所说的话，使那个男子倒有点显得狼狈了。他看着洛克菲勒的表情，心中疑惑不定，最后他终于按住了心火，静待洛克菲勒的回答。

然而，洛克菲勒依然毫无表情地沉默着，使那人猜不透洛克菲勒心里在想些什么。那男子忍不住了，又试着用力朝桌子上一拍，但还是没用,洛克菲勒的脸上仍一无表情。那男人只得立起身来,转身走出门去了。他一走,洛克菲勒就拿起钢笔,又低头继续自己的工作。

用这样简单的方法,可以压服人的情况是很多的。用无表情的脸,置对方的意见于不顾,是给对方自负的一个致命的打击。

据说,日本前首相佐藤荣作就是惯用这种前恭后倨的无表情的脸,保住了他在日本历史上为期最长的内阁寿命。

因此,一无表情可说是将一切情感深埋入胸中的一种态度。

Ⅲ

女性肢体语言

最常见的女性肢体语言

自古以来，人们都认为女人是善变的，女人的心犹如黑咕隆咚的深井神秘莫测。可是，当你懂得了女性独特的肢体语言后，就会意外地发现，她无时无刻不在用肢体语言的信号，悄悄地向你倾诉着内心的隐秘。

其实，女人在芳心变幻的时候，随着心理与情绪的变化，必定会反映在身态举止上。要是一个母亲在自己的未婚女儿怀孕三四个月后才发现此事，那就未免太粗心、太糊涂了。因为女儿有了心上人之后，必然会发出新的肢体语言的信号，其现象，诸如比以前更注意打扮自己，情绪变得愉快、亢奋等等，尤其是当姑娘跟他人发生了性关系，甚至怀孕后，她所发出的肢体语言的信号就更别致强烈了。比如，情绪上时喜时恼，厌食，躲在自己的卧室里不愿见人，等等。

这都是因为女性生理上的变化，刺激了心理上的变化。当芳心变幻的时候，在她们的肢体语言上必定也会如实地反映出来。

有人说："头发是女人的第二生命。"当和你同处一间办公室的女同事，一旦发型变得和昨日截然不同时，你是否能够敏感地察觉到呢？

如果你的女同事一向习惯于留马尾巴似的长发，而今天突然剪成了齐耳短发，就是反应再迟钝的男人，也会觉得眼前豁然一亮——她显得更有青春气息了。然而，她真是为了漂亮，才把留了多年的、自己中意的长发剪短的吗？

中国古代，蓄留两根长辫子代表十五六岁的少女；梳成两个椭圆状发髻表示未婚；出嫁时，又在后脑梳成圆形发髻。在那时，发型是标志一个女人年龄和身份的记号。可是现代不同了，女子的发型没有特殊的规定，你爱留怎样的发型就留怎样的发型。那么，你的女同事突然改变发型，意味着什么呢？

或许，她只是为了美容，想改变发型试试。不过，肯把象征着女人第二生命的长发剪短，更有可能是因为她的内心发生了重大变异。很可能是失恋，或者爱上了一个男人。总之，她认为必须跟昨日的自己诀别，内心下了最大的决心，才毅然决然把留了多年的长发剪掉。

女性发型的变化，往往意味着她内心起了变化。

最明显的一个例证是，几乎所有的姑娘在结婚前夕，都会到美发厅去改变自己的发型。这正说明，她即将走上新生活之路时，内心起了极大的变化。她将告别无忧无虑的少女时代，试做他人之妻。

俗话说，“欲盖弥彰。”一个女人越是想隐藏自己内心变化，她的态度、行动、举止等越是能把她的内心秘密泄露无遗。比起男人来，女性更不喜欢他人窥探她的芳心；然而，从她的内心深处来讲，却又渴望着别人能理解她，心理状态往往处于矛盾之中。因此，只要细心地注意观察，就不难借着她外表的改变，看出她芳心的变化。

当一个住在集体宿舍里的女大学生，突然一反往常，不再和女伴们打打闹闹，变得像淑女般沉静起来时；当她不再和往日一样喜欢集体活动，而爱好一个人独自行动时；都说明她的内心起了变化，而她正想在女伴面前隐瞒这一点呢。还有，惯用淡妆的女人，突然改用浓妆了；性喜素雅的，却一反往常地浓妆艳抹起来，都反映出了她心中的变化。

女性内心的变化，常常也使她的工作态度发生变化。一些原来很称职的年轻女职工，突然会对工作变得漫不经心起来。例如，上班时心不在焉，一心一意等着电话，而且来了电话就会丢下手中的工作，一聊就是半天。尤其是下班前半个小时，情绪更加不安，不时地看手表，整理鬓发。如果是工人，她会早早地脱下工作服，换上俏丽的服装。往常从不迟到早退的她，不仅出现了迟到早退现象，甚至会经常请病假和事假。即使来上班，也会显得无精打采，甚至呵欠连天，好像昨晚没有睡觉一样。于是，工作中的差错越来越多。一调查，才发现这些女职工正在恋爱或准备结婚了。她对工作的兴趣，完全转移到新的方面上了。如果你当面去询问她们，为什么会出差错，她们决不会将真正的原因告诉你，这就要靠你从她们的肢体语言中去探索她们的内心变化了。

的确，从女人似乎不经心造成的错误中，可以看出她的芳心变化。第一个认识到这类错误的真实意义的，是现代精神分析的创始人弗洛伊德。

弗洛伊德认为，说错话、写错字等过失，绝对不是偶然发生的，而是自己所没有意识到的深层心理中，使她采取了所谓“忘记了”的形式。

例如，一个女人遗失了未婚夫送给她的订婚戒指或定情纪念品，纵使她不是故意的，未婚夫也可能怀疑她对他俩之间的爱情缺乏诚意。因为在这个女人的心底里，可能存在着想和未婚夫分道扬镳的潜意识，所以把未婚夫所赠之物毫不经心地“忘”在什么地方了。

当然，也不是所有遗失物件的过错都可以用弗洛伊德的理论来解释的。有的女性生来就有毛手毛脚的毛病，如果我们也硬把她遗失东西和心理变化联系在一起，就会犯更大的错误。正确的观察法，应该把她所犯的过失，和她一贯的作风、行为联系对照来分析。

当一个女人心里开始讨厌某个人，或者不再爱她的恋人时，就会忘了跟他约会的时间，实际上，这在她的潜意识中是不愿与对方碰面。当她对自己的恋人产生怀疑时，会错把他的皮包当作自己的皮包拿回家来。反之，当她对他产生了好感时，又会把自己的东西，如雨伞等小物件“忘记”在他家中，以便再有机会见他一次。当她无意中拿错了他的杯子喝水时，在她的芳心深处有着一种想和他变成一体，共同生活的潜意识。

日本的石川弘义教授认识一位女性，她在工作中准备给一个客户打电话的时候，却拨错了电话号码，把电话打到她的一个男友家中。其实，拨错电话号码的时候，正是她在心中决定和这个男友正式建立恋爱关系的时候。石川弘义教授立刻指出了这一点，她却矢口否认，说：“绝对没有那种事。”然而，事隔不久，却传来了她和这个男友订婚的消息。

凡此种种都说明，从女人不经心地所犯的过失中，确能侦察出她的内心正在起着的变化。

假如，你和你的女友或女同学、女同事一起出去玩。起先大家玩得很高兴，可是到后来，由于你无意中伤了她的自尊心或说了令她不愉快的话，使她内心对你产生了反感，可是，出于礼貌她又不把她心中的想法说出来。那么，对于她这种内心的变化，你怎么才能看得出来呢？

假如你跟一位刚认识的女性交谈时，她总是畏畏缩缩的，往往要你问一句，她才回答一句，而且决不肯多说一个字。然而，当她一旦得知你就是她哥哥或姐姐的好朋友时，她立刻就会丢弃畏缩的态度，仿佛你就是她家的人一样，改用非常亲昵的口吻和你交谈。然而这并不是说，女人改用亲昵的口吻跟你交谈，就意味着她已经完全解除了警戒心。事实上，充其量，她对你还只停留在社会性的关系上，松懈了她的最外侧的警戒心而已。如果一位女性真正松弛了内侧的警戒心，即松弛了对性方面的警戒心的话，通常不是以语言的形态表现出来的，而是以肢体语言的信号传达出来的。

当她们在男人面前，用嘴噙着长发的动作，说明她的心态从警戒转变到了非警戒。所以一个女性在一般的男性面前，是不会轻率做出这种姿势来的。

还有，当起先对你冷若冰霜的女性，忽然频频捏起自己的手心来，或无意识地用手去触摸自己脖子上的项链，说明她的内心已改变了对你的拒绝态度。

另外，服饰的改变，也能揭示出女人的内心变化。比如，一向喜欢穿风姿绰约的俏丽女装的她，忽然又改穿男性味浓重的服装，如牛仔裤，皮夹克等，那一定是她的内心起了某种变化。

女性的第二皮肤

俗话说:“女人的心,孩儿的脸,说变就变。”的确,女人的情绪是善变的。对多数男性来说,不知道该如何准确地看出女性的情绪。其实,最便捷的了解办法是,注意观察她这一天穿的是什么样的服装。

纽约大学的心理学教授彼得·罗福博士说:一个人的衣饰,不仅仅表露他的情感,并且可以显示出他的智慧来。同时,从他的衣着习惯,更可以透露出他的人生哲学和人生观。

罗福博士和他的助手,曾进行了多次测验。他们把女学生分成两组:一组是衣饰华丽、极讲究打扮的;另一组是不修边幅、不注意衣饰的。罗福博士从对这两组少女的观察研究中,得出了一个结论,两组少女们在性格上,有极大的差异。

衣饰华丽的一组,她们情感正常,富有自信心,对参加社会活动很有兴趣,非常喜欢交朋友,而且对异性能保持良好的友谊。而不注意衣饰的那一组,则不喜欢参加社会活动,不善于与人交往,性格内向,有自卑感。

哥伦比亚大学的心理学教授们也曾作过同样的研究。教授们指出:衣饰整洁者,无论如何总比不整洁者活泼爽朗得多。然而,物极必反，过分地追求打扮的人，她们的性格会有些不正常，她们在社会交往中会产生越轨行为。

美国著名的心理学家兼社会学家乔治·纳甫博士，就衣着和性格的关系，划分出了六种类型。

1. 智慧型：这种女子头脑冷静，思想缜密周详。她要购买一件新衣服的话，一定会先考虑到它是否合体，衣服是否有特色，裁剪缝纫得是否精细结实和令人满意，因为她把衣服看成是她的财产的一部分。

2. 经济型：当她购买新衣服时，第一件事就是要先计算一下是否合算。为了贪便宜，她会去买处理品和清仓削价的衣服，还会去光顾旧货店，挑选自己所满意的衣服。

3. 唯美型：这种女性常被唯美观念所支配，她在选购衣服时不求经济耐用，但求美观，只要能穿上一件时髦的衣服，她就心满意足了。

4. 人道主义型：她买衣服没有目的，常会买下自己所并不需要的衣服。似乎她买衣服的目的是为了让服装店多做些生意。日积月累之后，她的衣柜和箱子里衣饰堆积如山，但适用者不多。

5. 政治家型：她所穿的衣服，特别注意款式图案，希望能给别人留下很好的印象。

6. 宗教家型：她喜欢款式简单的衣服，色彩朴实无华，保守而趋向拘泥，尽力避免虚饰。

彼得·罗福博士认为：讲究色彩和喜欢复杂的衣饰的人，个性比较讲实际，有自信心，但骄傲自满，爱支配他人，易于冲动，往往陷入虚荣的歧途。喜欢素色和简单衣饰的人，个性内向，生活朴实，温和淑静，但缺乏自信心，少有上进心，依赖他人的心理较强，遇事犹豫不决，难于做出什么成绩来。

然而，由于当代的年轻女性都有很多的衣服，我们就不能简单定论，不过从她们几乎每天都会换穿的衣服上，又往往会看出她当天的心情。女人在选穿一件衣服时，往往会由于当时情绪的影响，去选择衣服的颜色、款式和质料等。所以，人们常说，衣服是女人的第二皮肤。表现在服饰上的肢体语言，能清晰地表达出她的心情。不过，最容易判断她心情的因素，莫过于衣服的颜色了。

女性服饰不仅显示个人的地位和个性，同时也显示时代特征，如图：19 世纪的英国女式泳装几乎把全身都裹了起来，而古代的意大利女式泳装倒和现代比基尼十分相似。

很久以前，日本的 JNN 资料社就根据人们对服装颜色的爱好，来判断一个人的性格和脾气等。JNN 资料社在进行了大量调查后发现，一个人所爱好的颜色，与她的性格、态度、意识之间，的确是有着一定的关系。

例如，喜欢穿红色服装的女性，被称之为“具有丰富愿望的年轻型”。在日常生活中，她总是感到不满足，富有冒险精神，对流行敏感，心里有求取情侣的愿望，个性活泼，但变幻无穷的性情却常令人捉摸不透。

喜欢绿色的女性被称之为“坚韧实际的母亲型”。她安于现状，做事认真、慎重、忍耐力强、肯努力奋斗，而在使用金钱方面很有计划。在事物面前，往往会压抑自己的一些欲望，性格内向。

当然，有些女性是不适合于上述的分类的，不过，弄清楚一个女性偏爱穿什么颜色的服装，对于了解她的内心，是很有帮助的。话又说回来了，如果你要通过她所穿的衣服的颜色来了解她今天的心理，首先要弄清楚，不同的颜色在一般女子心中所代表的概念。

大致而言：红色，被她们认为是具有冒险性的；橙色，具有积极性；白色，是纯洁性的象征；紫色，具有贵妇人的气质，穿上它就要处处留心自己的举止言行；黄色，是天真的表示，可以尽量地向他人撒娇；蓝色，将促使她以诚实真挚的态度去待人；黑色，是为了像修女一样尽量地抑制自己感情的外露……

女性往往具有这样一种心理倾向：她选择某种颜色时，内心总是具有那种颜色所代表的情绪。例如，平时很少穿白色衣服的女人，突然穿起了纯白色的连衣裙时，十有八九是想隐藏起自己的本心，希望别人把她看成是纯洁无瑕的少女。

除了服装的颜色外，穿什么样子的衣服，也能判断出她的心理状态。

根据日本“千趣会”的调查报告，富于想象的女人和善于行动的女人，对待服装所持的态度恰好相反。

富于行动性的女人中，约有74%的人总穿着过时了的服装，只是偶尔用其他的服装来调配一下而已。但富于想象性的女性，却有74%的人不穿过时服装。

易拉姆和威多逊所写的《穿衣服和个性》一书中，举出了许多趣味十足的例子。

该书中有这样一个例子。某一个年轻男子急于想知道他的女友的真实性格，但是，摆在他眼前的事实，却使他感到茫然不知所措。因为那一天他的女友总共换了四次衣服。当她穿着牛仔装时，调皮活泼得简直就像个男孩子；可是，当她一换上长裙时，顿时摇身一变，成了个端庄文静的淑女；换穿上天鹅绒的紧身衣时，则像一只性感的小猫，娇媚百状；而一旦穿上比基尼泳装时，则令人吃惊地变成了个野性味十足的女人。

这位男子看不出“哪一个”才是真正的她，以致烦恼万分。其实，不管上述的“哪一个”，都是她自己。女人往往会凭借着身上的服装，改变她的行动模式。

但是，这个“故事”还没有结束。这位男子眼看着他的女友凭着服装的改变，使她的态度千变万化，把他的头脑越弄越糊涂了。有一天，他灵机一动，异想天开地从家里打电话给女友——那正该是她入浴的时间。在电话里，他要求她赤身裸体地来接电话，他以为，这样一来，她就无法凭借着衣服来改变态度了。

谁知她听了这个要求后，以不悦的口气责备了他一通，随后对他说：“你等一下，我先把浴室的水龙头关好后，再来继续跟你谈谈。”

想不到，她回来重接电话时，说话的口气完全改变了，声调柔和而又娇滴滴，妙如黄莺在翠枝上婉转啼鸣。他顿时被她迷得昏昏然，决心跟她结婚。

出乎他意料的是，他的求婚竟遭到了断然拒绝！原来，那次她开始来接电话的时候，正是赤身裸体地刚从浴缸里出来。可是，她再次来接电话时，却穿上了豪华的浴衣。她之所以会变，可说是那件豪华浴衣在起作用，而他隔着电话看不到这一切，才“上了大当”。

女人穿着“紧身胸衣”，表现了她超常的女人味。

当一个女子穿着袒胸露背的裙子出现在你的面前时，她想让你重新评估她的女性的魅力；当她穿上昂贵的衣服时，又会学着电影里贵妇人的样子，尽量表现出优雅的气度；当她穿上牛仔裤或男式服装时，她会模仿男人的举动，仿佛她已不是个女儿家；当她穿着简单的衣裙时，表示想不显眼地平平凡凡地过一天清静日子；当她穿上短裤和T恤时，就想像个孩子一样活泼地自由自在地行动着……总之，千姿百态的服装，表现出了女性千姿百态的心理状况。

由此看来，称服装为女人的“第二皮肤”正是恰到好处。通过它，可以由表及里地观察到她的内心情感和微妙的心理变化。

女性寂寞时的肢体语言

如果把梅花来比作内心孤独、寂寞的女人，那是再贴切不过了。这一类的女人，在表面上往往像梅花一样，显示出一种清高、孤傲的样子，似乎总是与别人格格不入。然而，她的内心却是十分脆弱的。那种对人孤傲的态度，只不过是为了保护自己不受侵犯而戴上的假面具而已。这一类的女人，在肢体语言上会传达出什么样的信号来呢？

有一位日本警视厅的刑警曾对石川弘义教授说过这么一句话："犯罪的背后都有女人。"这位刑警还进一步说，这种女人往往属于温顺、和善的一类，然而，她们却都有强烈的孤独感。

这类女性往往喜欢不断地改变发型，盲目追随着社会上的流行风气，爱好流行服装或男式服装。她们喜欢独自去逛经营"洋货"的小商品市场，看外国电影或者上咖啡馆、西餐馆。她们甚至会把自己的头发剪成男人的模样，并且煞有介事地手夹香烟吞云吐雾。

一些正经的男子，看到她们往往会如见鬼神般地避而远之。其实，她们内心是异常懦弱的，通常都是些深怀自卑感的女人。

说得更明白一点，她们对自己爱好的执著性很弱，没有自己的主见，很容易受到男性的甜言蜜语的引诱。所以别看她们外表穿着华丽，并一味地模仿男人的举止，实际上她们最容易上男人的当而身不由己。

盲目地追随流行服装和发型，正表示她没有固定的信念。更确切地说，反映了她们缺乏自信心、情绪不安定的心理，是内心深怀孤独感的表现。

为了掩饰她们内心的孤独和懦弱，她们很在意旁人看她们的目光。她们穿男装或模仿男子的举动，是希望别人把她们看成是一个像男子一样雄伟强大的人。然而，如果是在家里，她会独自一人边看电视，边跟着电视中人物的悲苦命运而暗自流泪。

图中女人显然表明她非常寂寞，希望有人来和她相伴。

在别人说话时，她们好帮腔，明明不懂的事，却偏要装出一副很懂的样子。这种强烈地表现自己的态度正在向旁人无声地表示："我好懦弱，好孤独啊！"

内心异常孤独的女人，她的自我触摸的动作，要比一般人多而且频繁。她们就是凭借着触摸自己的身体来排遣寂寞，这是自我亲密性的表现。根据这种意义，我们可以看出，在谈话的过程中不断地触摸嘴唇，或用手支着下巴的女人，大多数都具有强烈的孤独感，虽然不能说个个如此，但也八九不离十。

使人感到莫大兴趣的是，当这一类女人犯罪后，警察搜查她的家时，都可发现有个共同的特点，即屋里都收拾得一尘不染。莫非这种孤独癖强烈的女人，同时也有洁癖？

从领域学的角度来看，一个人的卧室，便是其私人的领域。也可以说，自己的房间就是自己身体的延长。尤其是对于孤独寂寞的女性来说，她的房间简直就是她的化身。在中国古代，那些寂寞的小姐整日躲在她的绣楼深闺之中，闺房是绝不允许他人侵入的。一旦允许一个男人闯入她的闺房，等于是以身相许。在她们的观念中，闺房无异于自己的身体。

所以把房间收拾得一尘不染，可以说是一种自我亲密性的表现。她不断地整理打扫房间的行为，从心理方面来说，就跟“摸下巴”、“触摸嘴唇”等小动作一样，是想借着不断地“触摸”自己的房间，用以达到排遣寂寞的目的。

自古以来，人们就认为年轻的女人具有爱好孤独的倾向。她们何以如此？恐怕大都要归于束缚女人的旧礼教观念，硬把女人打入寂寞的冷宫，并美其名“洁身自好”、“守身如玉”等。千百年沿袭下来的风尚，使女人变得爱好孤独了。仔细观察一下吧，大多数的女人把自己的房间收拾得干干净净，这与年轻的单身男子的房间真有天壤之别！日本曾做过一次调查：约有60％的年轻女性，喜欢使用洋娃娃、书籍、影视画报等把自己的房间装饰得漂漂亮亮的。

不过，话又说回来了，我们不能根据这一点，就断定几乎所有的年轻女性都具有孤独感，并扮演“犯罪背后”的女人角色。一个内心深具孤独感的女人，除了把房间收拾得一尘不染之外，还会在其他许多方面，通过肢体语言强烈地反映出她的内心来。

一般而言，女性在性意识和性方面诉求上，很少会直截了当，而是会以某种曲折含蓄的方法表达出来。对于一个性情孤僻的女子来说，就更不会坦率地表现出来了，因为她在和男性的交往之中，会有一种特别的防卫反应，会有一种特别强烈的警戒心，以保护懦弱的自己。

这么一说，不是和前面所说的——她很容易上男子的花言巧语的当——相矛盾了吗？其实不然。因为越是孤独的女人，表面上看来凛然不可侵犯，而在内心深处她越是渴望着能得到别人的安慰，以排遣自己的寂寞。同样，在性的问题上，越是采取规避行动的女人，心底里，对性方面的关心越是强烈，越是敏感。

这类内心孤独、深感寂寞的女人的性心理的构造，往往会使男人在判断她时产生误解。因为在乍见之下，她们对性方面采取了过度洁癖的态度，往往使男子退避三舍，畏而远之。

那些老处女，往往就产生于内心过于孤僻的女人中间。由于她们对性的警戒心过深，对男性常采取挑剔的态度，致使她们得不到所爱，而成为老处女。反之，越是老处女，她的寂寞感越是会随着年龄的增长而加深，同时促使她的性的警戒心与日俱增。如此恶性循环，最终会使她变成一个脾气古怪、异常孤僻之人，会和任何人都格格不入。

这类对性的警戒心过深的女人，如果在拥挤的公共汽车上，有一个男子过于挤近了她或无意中触碰了她的身体，她轻则会白对方一眼，重则会骂对方是“流氓”。如果是在候车室等公共场所，当一个陌生的男人在她身边坐下时，她会立刻站起身来走开。下雨天，男同事或男同学见她没带雨具，好心地走近她用伞替她遮雨时，她会不顾一切地跑开，情愿遭雨淋。她们的这些行为，等于在说："请你不要靠近我。男人哪，真是龌龊透了！"

由于这种对性方面的异常敏感，所以她们对男人就会产生一些异乎寻常的看法。比如，有些女人对男性的络腮胡子和胸毛感到极端厌恶，也有一些女子对肋骨隆起的男子表示"不敢领教"，等等。

石川弘义教授认识一对非常恩爱的夫妻，他们有一对可爱的儿女，一家人享受着天伦之乐。可是，这对夫妻在恋爱期间，却几乎断交分手。原因是这样的：

有一次，他开车带她去兜风，来到了森林里。在那幽静美好的大自然之中，他试着去吻她，而在接吻的时候，他的一只手却趁势伸进了她的裙子里面。

据她的一个女友说，就是因为这一举动，使她觉得看透了他，认为他是那种最龌龊下流的男人。碰巧，那时他身上又带着几张裸体女人的照片，于是，她就更加鄙视他了。

好不容易，他俩之间的关系和好如初了。可是，不久后，他又感到他俩之间的关系"不对劲"。只是，这一次他实在是摸不着原因了。

原来，自从那次之后，约会时他甚至连她的手都不去碰一下。想不到，她的态度反而变得冷淡而又焦躁。于是，他俩的恋爱关系又濒于破灭的边缘。

所幸的是，他的一些"过来人"朋友帮他指点迷津，才使他纠正了这一错误，总算渡过了难关，使有情人终成眷属。生活中，诸如此类的男女间的误会，想必是不少吧。追究其原因，皆是因为男子对那些心存孤僻感的女子，了解得太少了，往往被她的表面现象所吓退，而没能够利用肢体语言去洞察她的芳心深处。

那么，如何才能从肢体语言的角度，去识别这些内心孤独、寂寞的女性呢？除了我们在前面所说的以外，还可以从她的一些漫不经心的小动作上，去看透她的内心。比如，当你在跟她谈话时，她会不断地重复着做出一些跟话题毫无关系的动作来。诸如不停地用手抚弄头发、轻咬手指、频频扯摸自己的耳垂等等。这一些动作，是借着自我触摸来达到心理上的自我安慰及自我亲密性的表现。同时，这还说明，那种内心孤独、寂寞的女人，一般来说也是极为神经质的，对于自己和他人都有着过度的敏感性。她一直在想着，对方为什么要用这样的目光看自己，别人会对自己产生什么样的想法，等等。

通过直接触摸自己身体的行为，很容易使我们看清她，但是，有些女性虽然性格孤僻，但在交谈中却并不常触摸自己，那么，又怎样窥破她心灵的隐秘呢？

这样的女人，在和别人交谈时，也会发出一系列特殊的信号。比如一面看着对方，一面不停地眨眼睛；把她的腿架起又放下；不停地用手折断火柴棒，再把它们整齐地排列成一行；把纸撕成碎片，或折叠出种种的样子；不住地玩弄钢笔，拧下笔帽复又套上……这些小动作，虽然并不是直接的自我触摸，但它同收拾整理房屋一样，是一种间接的自我触摸。

尤其必须指出的是，看对方时不停地眨眼睛的动作，从心理学的角度上来看，是一种被称之为“装饰倾向”的典型表现，这种人的内心往往充满了紧张和不安，以致形成种种欲求不满的态度。

当然，女性并不真正喜欢寂寞状态，可如何突围呢？下面一个真实的故事也许有所启迪。

在一次舞会上，法斯特教授注意到有一个长得极美的少女，和她的朋友一起，站在靠墙的地方。她态度傲慢，双臂抱在胸前，使人不敢接近她。她简直就像是神话世界里的那个又美又冷冰冰的雪女。

法斯特教授认识这个少女，知道她除了个性冷僻孤独外，从各方面来说都是个很好的女孩子。于是，法斯特教授走近她，问道：“为什么你要对别人那么冷漠呢？”

“我太冷漠？”她十分惊讶，显然她自己并没有意识到这一点。她委屈地说，“那些男孩子又怎么样呢？没有一个人来跟我说话。我很想跳舞，可是没人来请我。”她有些伤感地接着又说，“在我们学校里，我是唯一的一个处女。你看那个露丝，她和我一样的年纪，可是每场舞都有人请她跳，而你是知道的，她是个很糟的女孩。”

露丝确实是个很糟的女孩。她胖胖的，长得并不动人，但是却吸引了很多男孩子围着她转。啊，这里面有一个秘密！原来，露丝张开嘴对每一个男孩子都笑。她的笑像刀子一样割开了所有的防卫和障碍，使每个男孩子感到舒服，有自信。他们知道，要是他们邀请露丝跳舞，她一定会欣然答应的。她的肢体语言向他们担保了这一点。

然而，那个孤独的、年轻的漂亮少女呢？她的外表看上去那么冰冷镇定，她用警戒的势态隐匿了渴望着跳舞的内心情绪。她所发出的肢体语言的信号是：“走开点！我是不可接近的，要是想邀请我跳舞，你等于是在冒险！”

在这种拒人于千里的态度之下，有哪个少年敢上前一试呢？由此，他们服从了这种信号，转而把自己的目标都朝向了露丝这类少女。

从这个例子可以看出，个性孤独的女人，如果想要从寂寞中跳出来，获得真正融洽的人际关系，首先必须学会微笑，使自己不但美丽，而且显得温柔可爱，平易近人。否则的话，她只能像梅花一样孤独而寂寞了。

女性动情时的肢体语言

女性对男人表现好感，通常非常慎重。由于女性在社会上不如男性强大，所以为了保证自己不被侵犯，她们的警戒心就变得特别灵敏，在确定对方完全可以信赖并看出他对自己确有爱意之前，她们一般是不会先积极地表现出她们的情感的。

不过，这并不等于说，她会始终把对于你的好感深藏于心，即使她不肯用嘴巴说出来，也不想表露于脸上，但是，由于潜意识的作用，她的心态仍然会通过肢体语言而无意识地表现出来。

这种按捺不住的对男性的好感，首先会在她的眼睛里出现。

人类可以通过眼睛去仔细地观察他人，可是，如果一个人要客观地观察自己，就会有一定的困难。人可以随意地控制自己的四肢活动，控制自己的语言，然而却难以控制自己的目光。因为任何人都无法直接看到自己的眼睛。即使我们使用镜子，也没法确定自己的视线的动向。因为当你的视线一偏离镜子，就无法确定它又飞到了哪里，做出了什么样的表示。所以眼睛最容易泄露出你的情怀。

在整个对于肢体语言的研究中，科学家们更重视关于眼睛的研究。

麦凯亚卡尔在《对人行动的心理学》一书中说道，人类在一对一地交谈时，把视线投在对方脸上的时间，大约占全部时间的60%。如果超过这个平均值，在交谈中几乎不停地看着对方，那么他并不是对谈话的内容感兴趣，而是对讲话的人产生了莫大的兴趣。

这就导致了这么一种情况：如果你与对方并不太亲密，但是对他有着好感的话，则有时会尽量地避免与对方的视线相接触。在对方没有看你时，你会凝视着对方；当对方一旦把视线投向你这边时，你又会迅速地把视线移开。对于女性来说，尤其是如此。

喜欢对方，对他具有好感的女性，往往会悄悄地把视线投过来。麦凯亚卡尔认为，研究结果表明，异性间的直视乃是性方面受到吸引的信号。然而，女性却又害怕对方会察觉到自己在偷看他，所以只好采用“快速扫描”的方式。

女性钟情时，会不由自主含情脉脉。

当女性对你的感情升华到准备以身相许的地步时，她便会丢开羞怯和一切警戒心，睁大了眼睛，静静地凝视着你，这就是人们所说的含情脉脉的眼睛。法斯特教授说过，当一个人看到自己特别感兴趣的事物时，瞳孔就会不知不觉地放大。女人睁大了眼睛凝视着心上人，或许就是基于这个原理吧。

有的女人,明明心中对他爱之甚切,但又拼命想抑制住自己,不让对方有所察觉。她会装出一副没有看见对方的样子,故意把目光移向别处,但她仍会从眼角,偷偷地迅速地瞥对方一眼。当女性微微低下头,用向上翻的视线看对方时,说明她不但对对方怀有好感,而且还带着一层撒娇作嗔的情绪。

女人如果钟情于一个男子,除了眼睛的表达外,还有许多其他的表现手法。例如,当着她心中暗暗喜欢的人的面,她会故意地去和别的男人表示亲近,大声地说笑,其目的是为了逗引你去注意她。当你和她一起外出,上茶馆、进饭店,她总是喜欢坐在你的身边。她还会无意识地模仿你的动作,和你采取同样的姿势。你在街上走时,她会高高兴兴地跟在你的后面,保持着一段距离。这些不易被人察觉的举动下,深含着一颗对你含情脉脉的芳心。

女性做出自我拥抱姿势,往往反映出她内心想得到他人拥抱的愿望。

许多年前,日本有一家新创刊的女性杂志,曾在创刊号上刊出了令人震惊的大标题。虽然只有寥寥十几个字,却充满了火辣辣的鼓动性:“不要老是被男人拥抱,你去拥抱他吧!”标题下的文字中,也充满了肆无忌惮的挑战性。然而,这种火辣辣的宣传只是昙花一现,不久,那种令人吃惊的标题不见了,文字也变得“端庄淑雅”了,代之而起告诉女读者的是,如何才能挽着男人的手,温柔优雅地步入结婚礼堂之类了。

尽管时代不断地在变迁,尽管各个不同的民族有着各不相同的文化背景,尽管妇女的解放运动在不断地推进,然而,由女性主动地去追求男性,总是令人感到“有损优雅”的;对东方民族来说,更是如此。

在中国的传统戏剧和小说中可以看到,一个怀春的小姐即使已经钟情于某个公子或书生,也绝不会主动开口倾吐衷肠,有的只会躲在深闺,茶饭不思,暗生相思病。有的机灵些,会采用故意失落一块手帕或一页诗笺的小动作,来驱使男方追求她。因为巧妙地使男性来追求自己的方法,对于较为软弱的女性来说,总是比较益多害少的。因此,国外的一些女性杂志,总是采用各种方法,一次又一次地刊登那些指导女性如何使用技巧,达到使男性主动地来追求她的目的。

事实上,怀春少女在等待着男性主动追求时的心理,是异常复杂的。因为她难以也羞于用语言去表达自己的柔肠,虽然可以借助肢体语言去传达爱的信号,但也总不便表现得太明目张胆,那会使对方对她产生一种误解,认为她“轻骨头”或不检点。所以当一个女性心中萌生爱意之时,为了使对方明白自己的脉脉情怀而又不失身份,时常以假拒绝和含混不清的态度表现出来。

总之,一个男性如果不能了解到女性这种似是而非的信号的含义,不论怎么说,他也是个对爱情方面反应迟钝的人。无疑,这种男性会使现代女性对他敬而远之。

例如,用脊背对着别人的动作,从男性肢体语言的角度来说,意味着拒绝。可是，对于女性来说，尤其是处于情侣或妻子的地位上的女子来说，含意就完全不同了。

女性偶尔也会用脊背对着自己的心上人，不过在这种场合下，几乎没有一点拒绝他的意思。即使是刚吵过架，双方都在赌气，女性以脊背对着男性时，也不过是在等待着对方的积极性的动作而已，并希望听到你的认错或进一步的解释。女性总是想透过脊背，与男性进行心理上的沟通。也可以这样说，女性用脊背对着你的话，是一种不乏含情脉脉的特殊表现。如果你误以为她是在拒绝你而一走了之的话，将会大大地刺伤她的心，使你们的关系出现难以弥补的裂痕。

在交谈中，如果女性倾斜着颈部和你交谈，也是一种传情的信号，说明她心中对你有很深的好感。一旦你对她这种脉脉含情的表示无动于衷的话，她就会抱起胳膊，做出跷起脚又放下的动作来。一般地来说，抱胳膊是表示拒绝的意思，跷起脚又放下是内心寂寞的信号。但在此时，意义又有所不同，这些动作表示她的情绪不安定，内心七上八下，既想进一步向你发出爱的信号，又怕被你拒绝。

女性倾斜着颈部和你交谈或亮眼望着你，也是一种传情的信号。

诸如此类肢体语言，从

脸的表情一直到足尖的动作为止，都是一种含情脉脉的表示。这些肢体上的微妙变化，一旦映入男子的眼中，只要男性能够正确地了解这种信号的含义，就不难在无言之中，进入更深一层的交往。

在男人面前收晒胸罩等内衣，或当着男人的面洗头、整理身上的衣裙等小动作，被美国的心理学家谢弗伦博士称之为“矫作的行为”。女性往往借助于这种矫作的行为，向男性发出“我是富于魅力的女人”的信号，向你暗射丘比特之箭。

如果一个男性到女方家里去拜访，她拿出自己婴儿时或年幼时的照片给他看，或在和他的交谈中频频地摸自己的耳垂或耳环等，也是一种暗递秋波的表现。无限情思，尽在这默默无声的肢体语言之中了。

在20世纪50年代的美国电影界，女明星玛丽莲·梦露被人称为“性感尤物”。影迷们对她最深刻的印象是：她走路时会大幅度地左右摇摆她的丰臀。

在国外，虽然有百分之五十的现代未婚女性认为，“婚前的性交并没有什么不妥”，然而一旦真要她们主动地去向男人要求“那个”，则又需要有极大的勇气了，所以逢到有关性的方面的需求时，她们的感情、欲望等都会无意识地从肢体语言上表达出来。

此外，当一个女性在和一个男子谈话时，用手掩着嘴巴说话或含着吸管和饮料瓶不放的话，那又是在用另一种方式，向男子袒露出她的满腔情思。

从性医学的角度来看，女人的嘴唇是性的敏感区域，那么，自我触摸嘴唇的动作也就必然与性有关。

老实说，关于女人从含情脉脉发展到性方面的感情高昂这一问题，与肢体语言的关系如何，至今仍没有非常可靠的理论问世。只有马斯特斯·约翰生的报告中，在有关《人类之性行动》中，说到了一些，但他的报告并不完全适合于用来衡量现代的东方人。不过有一点颇有共性，即他在“大脑生理学的结构”这一章里，述说了女性在性方面的兴奋过程。

大脑中，主管感情中枢的那一部分称之为视床下部。在视床下部的一侧有个脑下垂体，性能源便是由此产生的。一旦女人的感情引起了变化，这种变化很快就会传到视床下部，接着它会刺激脑下垂体而分泌荷尔蒙。这种由脑下垂体所分泌的荷尔蒙，能够促使卵巢、子宫的活动，使其进入性亢奋状态。

这种性亢奋状态，会使身体的活动呈现活泼化，全身的血管微微扩张，以保证良好的血液运行。从外表看来，面颊呈现红潮，呼吸也会变得紧迫短促。

中国古代著名的医学文献《医心方·房内》中，就列举了女性的“五欲”，其中的“三欲”十分明确地谈到了这种时候女性在肢体上的变化。

第一，女性在渴望男人之时，就会凝住气息（这便是含情脉脉之时）。

第二，女性希望有男人接近之时，鼻孔或者嘴巴会张开（由含情脉脉发展到内心的性冲动之时）。

第三，女性感到欲火难耐的时候，往往会颤抖着身体去拥抱男人（由内心的性冲动上升到欲求性交的表现）。

有一个叫西村定雄的日本学者，在书中这样写道：“欲知女性是否感觉到欲火中烧，可以通过观察她的脸来了解。例如，眼睛发红、耳根发热、所吐的口气有股不寻常的气味，人却反而变得沉默了。用这种方法去判断，可说是不会有任何差错的。”

从蒙娜丽莎的微笑说起

达·芬奇的著名油画《蒙娜丽莎》，一定是大家所熟悉的了。可是，画中的蒙娜丽莎的微笑，究竟意味着什么，至今还是一个谜。多少年来，古今中外的众多学者、画家、评论家们纷纷想揭示这个谜，掀开这层蒙在蒙娜丽莎脸上的神秘面纱。然而，没有一种结论能得到大家一致的首肯。

由此可见，女性的微笑复杂而又令人难以解释。为什么幽默、机智、欢悦、温柔，甚至于讽刺挖苦、蔑视等感情，总是会以微笑的方式表现出来呢？

第一个把蒙娜丽莎的微笑当成“谜”看待的，是英国的 W. 彼德。他竟然把蒙娜丽莎称作“吸血鬼”。也有一些精神医生认为，蒙娜丽莎的微笑意味着性诱惑。

当然，达·芬奇画上的蒙娜丽莎是静止的，要确切说清她微笑的含义，确实相当困难。然而，生活中的女性却是活生生的，只要把她的微笑和其他姿态联系起来分析，不难看出她那错综复杂的内心。

这里必须注意的是，判断女人的微笑的要点，是要注意她嘴与眼的动作。

例如，她的眼睛在笑，但是，她的嘴、面颊以及身体的其他部位并没有连带地“动”起来的话，那么，就不能把这种微笑看作是亲密的、带有诱惑性的。虽然这种微笑，表示着女性所特有的温柔姿态，然而，它却含有一种不许男人接近的冷若冰霜的态度。像这种“皮笑肉不笑”的女人，虽然有那么一点儿神秘感，可是不会使人对她产生真正的好感，她的警戒心理太深太强了。你若留意的话，可以看到，在不少的空姐脸上，就带有这样的微笑。尽管别人并没有去侵犯她的意思，她却仍然做出这种凛然不可侵犯的微笑来。

有的女人在微笑时，会用手轻轻地半掩住嘴，或用精巧的扇子或手帕等掩嘴而笑。这种微笑，旨在强调自己的女性魅力。带有这种微笑的女人，不是羞怯的情窦初开的少女，便是风情万种、以此诱惑男人的女人。

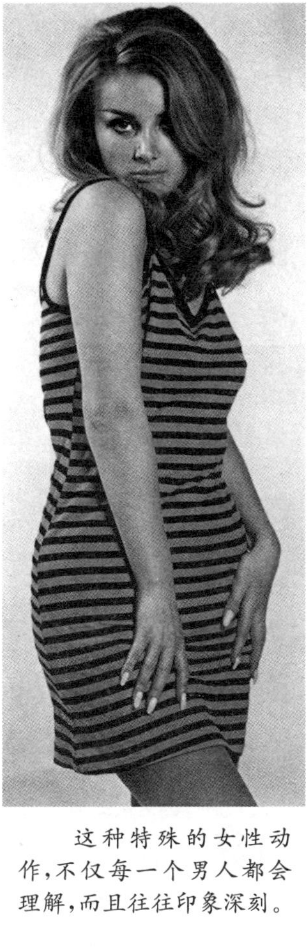

这种特殊的女性动作，不仅每一个男人都会理解，而且往往印象深刻。

不过要注意，有一种很容易和上述的优雅的微笑混淆的笑。她的手或扇子不是掩在嘴上，而是轻轻触摸在嘴角边的香腮上，皓齿半露，笑得很甜，也显得彬彬有礼。如果你认为带有这样微笑的女人是可以亲热得无话不谈的话，那你就大错而特错了。这样微笑着的女人，往往很有心机，城府也深，不会轻易相信别人，更不会轻易

交际场上，这些女士尽管彬彬有礼，但她们的笑容却泄露出这一切不过是表面现象。不过，只要没有恶意，大家都愿意“合谋”撒谎。

地把什么事都告诉你。她的甜甜的微笑，只是出于礼貌和防范心理所戴的假面具而已。

另一种看起来似乎很文雅的微笑，但她的眼珠往往会斜向一边，嘴角略有点歪斜。这种微笑，通常是一种讽刺性的微笑，并带有蔑视他人的意味。

和讽刺性的微笑相反的，便是爽朗的笑。她会露出两排整齐的牙齿，笑出声来。爽朗地笑的女人，心理的警戒心相当松弛，对对方抱有一种信任、亲近的态度。

如果爽朗的笑再加剧，就会变成开怀大笑或捧腹大笑了。她可能笑得东倒西歪，前俯后仰，捧着肚子笑得喘不过气来。这是一种天真活泼的笑，常可出现在涉世未深的少女身上。

另有一种张开嘴的笑，配合着笑还有频频点头的动作，似乎非常赞赏对方的意见。其实，这是一种很自负的笑。有一定的学历和地位的女人，在她认为不如自己的男人面前，会“恩赐”出这样的笑来。

S. 摩尔博士曾经说过：“女人的微笑随着结婚而消失。”这话虽说绝对了一些，但似乎也有几分道理。所以女性为了保持其魅力，为了防止心理上的老化，永远使青春长驻，就应该时时露出迷人的微笑来。

微笑也和其他的肢体语言一样，不同的文化背景下，会有不同的含义。比如，东方民族有一种“暧昧的微笑”，最容易招致西方人的误解。

欧美女性对陌生人几乎是不微笑的，而东方女性就不同了，尤其是日本女性。千百年来的传统习惯告诉东方女性，如果在和他人交往时，不管是亲近的人还是陌生人，紧板着脸是不礼貌的。于是，这种暧昧的微笑，便时刻浮现在她们的脸上。

据说，日本人是不会讲“不”的民族，尤其是女性，当面拒绝一个人会被认为是有失礼貌和风度的事，因此，那种暧昧的微笑便成了婉转拒绝的表示。一旦东方女性到了国外，那就麻烦了，欧美的男子会认为她的微笑，是在对他表示亲热和好感，甚至有人还会误以为她在向他发出性诱惑的信号，确认她是个容易“上钩”的女人。

微笑当然也含有表示好意的内容，然而，对于东方女性来说，不如解释为对他人没有敌意更为确切些。比如说，你在街上碰到了一位女性，你兴高采烈地有很多话要对她说，尽管她微笑着望着你，其实她并没有在听你讲，因为对你的讲话她毫无应和的表示。这就等于婉转地告诉你：“我对你说的话一点也不感兴趣，对不起，我不想再听下去了。”

东方女子在公交车上发现一个熟人，会微笑着向她打招呼。

她们可能你一言我一语地亲热交谈。她们中一位说,她最近搬了家,比过去舒适多了,微笑着邀请另一位女子说:“你到我家去玩玩吧。”那女子也微笑着说:“好、好,我有空一定去拜访你的新居。”说话间,车到站了,那女子一边下车,一边还要微笑着叮嘱一句:“你有空一定得去我家啊。”另外一个女子也连连笑着应答:“一定去,一定去。”

但可以判定,那女子并未真心邀请对方去她家,而对方答应去她家,也仅是说说而已,并不会真去拜访。因为那女子始终没有把新居的地址告诉对方,而对方也没有想到要问她新居在何方。她俩内心都明白,交谈时亲热的微笑已表明,双方都婉转地拒绝了对方。

这种假客气真拒绝式的微笑,可能只有东方民族的女性才具有。

还有一种女性,她会微笑着和你泛泛而谈,乍见之下颇为亲切。可是,一旦谈话触到了要害问题,或者事情发展到了关键时刻,她立刻会收敛起笑容,变得冷冰冰的了。这种女人,往往怀有强烈的嫉妒心理,一切对她有利的事物,会使她笑颜长驻;稍有点触犯于她,立刻就会判若两人,态度转变之快,令人咋舌。

根据《嫉妒心理学》的说法,嫉妒的基本倾向为:“虚荣心强,表现欲旺盛,不计手段,一心想抢先他人一步,希望得到第三者的承认。以自我为中心,对他人缺乏善意,喜欢攻击别人,好胜,成功时不断吹嘘,失败时把一切归罪于他人。缺乏自信,内心时常不安定,始终以怀疑的目光探测劲敌的动静,对劲敌与自己的位置变动具有一喜一忧的性格,以及自卑感强烈。”嫉妒心强烈的女人具有一种危险,即十分容易被他人所欺骗、利用。但是,她在被男人们奉承的时候,就会显得温柔娇媚,笑得十分甜美,一副可爱的模样。然而,一旦男人们赞扬起别的女人来,她就会把微笑丢得一干二净,变得柳眉倒竖,露出气鼓鼓的模样。这种女人,还是少招惹为妙。

至于不管遇到什么事,不管对方所说的话有趣无趣都会笑的女人,不论她年龄有多大,仍然是未脱稚气的女人。她们生活无计划,喜欢快乐无拘束地过日子,对将来总是充满了憧憬。而与之相反的是,整天不喜欢笑的女人,即使你跟她开玩笑,她也会皱起眉头来。这种女人性格内向,不喜欢在大众面前显露自己。由于缺乏自信心,内心深处具有强烈的警戒心理。

最后,有必要提及一种恬静的微笑。这种微笑,笑容很淡,不仔细观察,甚至不易被人察觉。当一位女性听音乐时,脸上带着这种微笑,说明她的身心很愉快,正深深地沉浸在音乐的意境之中,显得轻松自如。如果她虽然在“欣赏”音乐,而脸上并无此种恬静的微笑,也许她正为某件事而烦恼,希望通过音乐来排遣。

晚饭后,丈夫坐在沙发上看书报,妻子坐在一边织毛线,她的脸上也会浮现出恬静的微笑。这表明,她的心情很松弛,对融洽的家庭气氛感到十分满足,心底有一种安定感和幸福感。

在恋人们约会的公共场所,那些等待着的男女青年们,往往会不时地看表,来回踱步,做出许多焦急、不安的动作来。但也有的女子,会一个人坐在长椅上,边看着书,边等着她的心上人。她的脸上,就有一种恬静的微笑。这说明,她的心中十分自信,深信她的心上人是爱自己的,不会无故失约。果然,她的直觉十分正确,没多久,男友就匆匆而来。她用不着听他解释迟到的原因,亲切地挽起他的胳膊,走向了林阴道深处。

从烟酒和宠物看女性

自从医学界认为抽烟有损健康,香烟是产生肺癌、咽喉癌的元凶以来,从世界范围来看,抽烟的男人大大地减少了。然而,不知为什么,女性中的吞云吐雾的人却反而增多了。

过去,抽烟的女性大多集中在文艺界、中年以上的重体力劳动者,或一些闲在家中不工作的太太们。重体力劳动妇女以抽烟作为休息,女作家及艺术家抽烟是思考时的一种习惯,而赋闲家中的太太们则是闷得发慌所致。到了当代,甚至连少女们也抽起烟来。据说在日本,走进一些餐馆,举目四顾,会发现不少年轻女性在抽烟。

一些心理学家们指出,抽烟的女人与不抽烟的女人在性格上有许多相异之处。

日本爱知县癌症研究所的小川浩博士 1981 年发表的研究资料中表明:在抽烟的女性中,有 37.8%的人喜欢喋喋不休地唠叨不停;而不抽烟的女性中,则只有 20.8%。抽烟女性还有不认输、要面子、情绪不稳定、喜欢刺激性强烈的饮食等特点。

有位少女,在家中和公司里从不抽烟,平日很少和家人或同事说话。下班之后,她喜欢把时间消磨在舞厅、咖啡馆和朋友聚会之中，到了那种场合，她就会大抽香烟。随着烟卷的点燃，她的话匣子也打开了。烟越抽越多，话也越说越多，而话说得越多，她就越是想抽烟，大有“风助火势，火壮风威”之概。

因此，不少研究者们认为，根据抽烟与否，就可以大致把握女人的性情，以及心理特点。一般来说，由于烟酒过去均被视为是男性专有的嗜好品，而女性抽烟往往会遭人白眼，所以在追求烟酒的女性身上，有一种想借此逃避限制和束缚、追求像男性一样的自由的意识，以及脱离女性化的愿望。换一句话来说，强烈嗜好烟酒的女性身上有一层“反女性”的色彩。

一些年轻的女性在上了大学或有了工作之后，会渐渐开始吞云吐雾。石川弘义教授曾问过一些女大学生，如果她的父母知道她在抽烟时，会有什么感受？她们很轻松地说：“这个问题最简单不过了，因为在父母亲面前我是不会抽烟的。”

这些年轻女人开始抽烟的动机，据说是受朋友们的影响。在女性高级知识分子中及从事跟男人竞争性工作的女人，都有很高的吸烟率。换句话说，女性抽烟达到相当的程度时，可以表示出她们的生活经历以及生活环境，就连抽烟的方法和姿势，都可以反映出来。

只要你仔细观察女人抽烟，你就会发现她们的姿势之多，令人吃惊。单就香烟的拿法来说，就有最普遍的利用中指和食指夹住的方式；也有人采用大拇指和食指捏住的方式；有利用指腹深深夹住的姿势；也有把烟头夹得朝着下方的……真是多得不胜枚举。女性持烟的种种姿势，其实是一种变相的自我抚摸的方式，能反映出她的内心意识的强弱程度。

例如，有些女人会故意不采用使用中指和食指夹烟的一般姿势。这表示她想以与众不同的方式来表现自己。由此不难判断出，有时她很喜欢装模作样，而在某种场合下，她会是个梦想家，或者表现出非常强烈的自我性格。

又如，用指腹深深地夹着香烟的姿势，乃是反映出自我抚摸的欲求。根据肢体语言的理论，手和手连接在一起表示喜悦，而手指和手指绞连在一起，则表示思慕以及悲伤。那么，以指腹深深地夹着香烟，就等于是手指和手指深深地绞连在一起，是在暗示着她有过意味深长的体验。

有的女人在用食指和中指夹住香烟时，故意很自如地微曲着放开小指，表示出一种优雅的韵味。而有时候，她又会让烟嘴高高翘起，烟头朝地，似乎漫不经心的样子，这说明，她的心中充满了罗曼蒂克。一个内心固执、倔强的女性，往往会使烟头指向一侧，即与肩膀成平行，而理智型的女人，却几乎要把烟抽到快烧到手指时，才会扔掉。

众所周知，香烟有许多种类，有的烟味很淡且带有薄荷味，有的烟很凶，也有的是属于混合型的。根据国外的研究，从女性抽什么类型的香烟上，也可分析出她的个性特征。

从日本的情况来看，抽烟的女人大多喜爱那些烟味比较淡的香烟。如果一个女性习惯抽 HILITE 牌的香烟的话，则说明她有一种倔强的脾气。因为这种烟较凶，并不适合于女性，说明她不为流行习惯所左右，爱我行我素。

假如她是喜欢抽“和平”牌香烟的话，那么，这种烟就更凶了，与其说她是个个性顽强者，不如说她具有男性化的性格。一旦遇到什么事，她并不拘泥于所谓的规则。

另一方面，那些喜爱抽“七星”牌等淡薄而又大众化的香烟的女性，比较平凡，很容易跟着流行潮势走。她们喜欢简单而方便，不轻易冒险，很在意别人会怎么样看自己，较为谨慎胆小。

喜欢抽 AILTE 牌香烟的女人，是富有个性的，不论在何种场合，她都会直率而又毫无顾忌地表现自己。而爱好 SHORTHOP 牌香烟的女人就比较顽固了，她总是坚持自己的意见，听不进别人的忠告。所有喜欢抽外国香烟的女人，都或多或少地有着傲慢、目空一切的缺点。她喜欢招惹人家的注意力，为自己成为他人的话题中心而沾沾自喜，行动举止俨然像一个女王。这种女人的虚荣心很强烈。

女性中抽雪茄烟的极为罕见。如果你遇上这种女人，还是小心为妙。她沉着，极有耐心，头脑清晰有条理，且很有手腕。她不是个犯罪老手，也是个了不起的女强人。

如此这般，由对香烟的爱好，可以判断出一个女性的性格。一般说来，年轻的女性是把抽烟当作一桩时髦事来做的，与其说她是凭烟味来选择香烟的，还不如说她是为了表现自己的身份及根据处所的“气氛”来选择香烟的更为确切。正因为如此，对香烟的选择才能如实地反映出她们的性格及想法。

俗话说，“烟酒不分家。”抽烟的女性，十有八九都爱喝酒；就是不抽烟的女性，喜欢喝上两口的，也大有人在。

在过去，有关酒类的商业广告，几乎是由清一色的男性演员所包办的。然而，如今的酒类广告，也有由女演员来现身说法了。只要打开电视机，你就会看到一些漂亮的女郎，在向你介绍葡萄酒、香槟，甚至烈性酒。

据调查，约有 50％的女性和酒类打过交道。就像对每一件事各人的好恶不一致一样，女性所喜爱的酒也是因人而异的。

在以前，如果你去出席婚宴等喜庆筵席，女性一般都是以果汁等饮料代酒的，极少数喝些度数极低的汽酒之类。后来，女性开始喜欢一些苹果酒、樱桃酒之类低度的甜酒。据日本调查，那时的日本女性也仅仅停留在低度酒上，像“粉红色鸡尾酒”最能获得女性的青睐。

曾几何时，她们的爱好竟然大变，啤酒、葡萄酒受到了广泛的欢迎，甚至连白兰地、威士忌也受到了她们的青睐。她们的爱好，是由极复杂的原因造成的，至于酒精和个人特性之间的关系，至今仍是个未知数。

据东京一位长年坐镇在柜台后观察女性的酒保说，他可以从女性爱喝何种酒而看出某种倾向来。

凡是偏爱威士忌酒的女性，不管她习惯于掺加冰块还是用水冲淡，都属于典型的智慧派女人。至于好喝日本酒的女人，性格却比较保守，很少属于行动派人物，并且有个性孤僻的倾向。

喜欢喝啤酒的女性，则大多数属于心直口快的典型城市女郎。除了以上三种酒外，受到女性普遍欢迎的有葡萄酒和白兰地，尤其是葡萄酒更受到年轻女性的广泛喜爱。不过，这也要看她喜欢红葡萄酒还是白葡萄酒。

红葡萄酒具有花的芳香，一喝到嘴里，就会使三色堇或杏仁的香气弥漫开来。喜爱这种味觉的女性，具有很强的母性本能，也可以说具有老大姐似的性格。

白葡萄酒有一股对提神有帮助的涩味，因此，偏爱它的女性往往具有理智的性格，她也可能是个健谈的人。

而以白兰地所持有的特质来说，喜爱它的女人应该是富有气质的。也正因为如此，她们一旦碰上了具有她所欣赏的气质的男性时，她往往会一见钟情而无法抗拒自己的感情。

最后，再让我们来看看女性和宠物之间的关系吧。

在女性中，宠爱猫狗的人相当多。在日本，猫、狗、小鸟等宠物的市场上，每年的交易就高达 100 多亿日元。而照顾这些宠物的责任，主要就落在家庭主妇肩上。各种各样的宠物商店、宠物医院、宠物美容所，如雨后春笋般地兴盛。据一位宠物商店的老板说，只要观察女人养什么样的宠物，就不难了解到她的性格。

女性情感有时也会表现在她对宠物的举动中，图中女子显然想得到一个像马一样健壮的情人。

比如，喜猫的女人，她的独立性强，但都比较任性；爱狗的女人，她的依赖性比较强，性情比较温柔。还有一点更为重要，不管是养猫还是养狗，凡是溺爱宠物的女性，内心深处都有着对情郎或丈夫的不满情绪，溺爱动物正是一种转移情感的“代替行为”。

不过话又说回来了，说养狗的人依赖性较强，较温柔，是指一般的养小型狗的女人。如果她喜爱养价格异常昂贵的狗的话，那就又当别论了。那表示她的自我显示欲较强，处处爱占上风，出风头。偏爱养猛犬等大型狗的女人，虚荣心较重，并且有些歇斯底里性格。饲养扁鼻狗的女人截然相反，她的内心隐藏着较深的自卑感。

至于那些喜欢饲养小鸟、金鱼等的女性，往往具有强烈的孤僻感，性格内向，不善于和他人交际。因为鸟和金鱼与猫狗等不同，只要喂以食物，完全可以听任饲养者摆布。这说明，她们想拥有完全隶属于她自己的世界。

多姿多彩的生活模式

从肢体语言的角度来说，女性的肢体语言远比男性的肢体语言复杂，根据对日本三菱公司的调查资料表明，女性的生活形态共可分成五种模式。不同模式的女人，在日常生活中的行为，有着显著的不同。

1. 追逐时尚的女性：按这种模式生活的女性，可以称为通俗派，日本人习惯称她们为“水晶族”。

这些通俗派女性，很喜欢新的东西，很容易受到流行的左右。从这个意义上，我们也完全可以称她们为“流行的盲从派”。

这一类型的女人，只要看到新流行的衣服或皮鞋、拎包就会踊跃去购买，同时也时常到迪斯科舞场去痛痛快快地跳上一场。她们不在乎在小吃店里一边跟异性朋友或同学、同事谈天，一边喝酒或咖啡。她们喜欢上游乐场，爱玩麻将等等。哪里有展销或举办庙会，她必然去挤热闹，而且时常喜欢去逛夜市。

她们虽然有前进意识，然而行动迟缓。在性行为方面，她们认为只要有爱情便可以结婚，完全不顾忌双方的家庭及经济状况。因而可以说，她们是不折不扣的纯情派。

对通俗派的女性来说，男女双方的性关系必须以爱情为基础。

她们虽然容易接受新的东西，但却坚持着东方女性自古以来的贞操观念。这也是她们的生活方式以及独特的行动模式。

这种通俗派女人，如果进入饮食店，她们不会叫咖啡或牛奶，而是喜欢橘子水或果汁。在饮食上，她们不喜欢西餐，而喜欢吃中国菜。

2. 单身时代尽情享乐的女性：如果有一个女性，很喜欢阅读《武林》《船舰知识》《足球》之类的男性杂志，而她身上总又穿着男人味很浓的服装时，你会把她想象成哪一种女人呢？

这一类女人会尽情去享受单身生活的乐趣，然而，一旦嫁了人，却又会过起令人感到意外的朴实的生活，做一个非常贤惠的家庭主妇。我们可以把这一类女人，称为年轻的时髦派。同样是年轻女性，这种类型的女人却显得有“成年人”的味道，这是她们的共同特征。

她们对球类等体育运动不感兴趣，而对非竞争性的游泳等却更有兴趣。她们特别喜欢一些新型的运动和活动。

虽然她们没有家庭负担，独自一人不愁钱花，但她们绝不会盲目地乱花钱。她们把算盘打得相当准确，享受生活总是在自己的能力范围之内，是典型的非常有计划的女性。

对于这种女性来说，理想的丈夫应当是有大学文凭并有一技之长的。比如，性情温和而富于理智的工程师、技术员、编辑、大学讲师、研究员等。她们不喜欢那些光会说不会做的男性。从表面上看来，她们似乎很喜欢一切新的东西，然而，那也只限于经济比较宽裕的单身时代而已，一旦嫁了人，进入了家庭生活，她们不再追求时髦，很可能变成善于维持家计的贤妻良母。

她们认为女性的幸福在于家庭，因此，尽管她们在单身时代会尽情享乐一番，但最终会以家庭生活的美满作为自己的真正的享

多姿多彩的女性美意味着多姿多彩的女性生活。

受。她们工作时也很努力，但下班回到家后，会不顾工作的劳累，把自己的家安排得妥妥帖帖。这是一种身上同时拥有新的和旧的两种生活观念的女性，她们既会享受，又能吃苦耐劳。

3. 中庸平凡的女性：人们的生活状况，就像是一只橄榄。处于上流生活水平的和处于穷极潦倒的下流生活处境的，是少数，就像橄榄的两个尖端，而80%左右的人，是处于中流水平。因此，大多数人的生活模式，也趋于同一性，大同小异罢了。表现在工作和事业心上，"不求有功，但愿无过"的人，可说是比比皆是。据统计，具有这种所谓的中流意识倾向的人，很容易被传统的习俗和当代的趋势所左右。

这类人的生活模式犹如一杯无色透明、无味无嗅的水一样，并没有任何醒目的特色。我们姑且把她们称之为"年轻人中比较好的一群"，也就是说中庸平凡、任何意识都不太强烈的典型。

对于运动方面，她们并不怎么爱好，只是偶尔也会打打乒乓，到海滨去游游泳，并不怎么关心流行，也不会时常光顾美发厅和美容所，对去游乐场也不起劲。

她们会时常去看看外国电影或听听音乐，对跳舞没有多大爱好。她们既阅读古典文学作品，也看现代派的作品，也会去看摄影和美术展览，可是，却对什么都不大在乎。在音乐方面，可以说她们更喜欢听民歌，但也不十分讨厌现代派的音乐。

她们对旅游也是感兴趣的，但不喜欢爬山登高，而喜欢去欣赏园林和名胜古迹。为了表示比别人有更高的领略大自然的水平，她们也会去天涯海角等偏远的地方领略一番。当然她们也乐意跟着电视机去领略世界各地的奇异风光。

对于结婚对象和工作选择方面，她们也停留于平均值上。她们也认为女性的幸福是在家庭中，在社会上她们与世无争，更无野心。上班时，喜欢穿比较正统的服装，绝不会穿着太奇特的服装招摇过市。

她们会有较高的理想，然而，她们的依赖心理也很强烈，总认为别人会帮着她们把理想变成事实，以致为了寻找能给自己带来幸福的理想配偶而挑三拣四。和这类女人结婚，会使你有个安稳小康的家庭生活。

4. 很会打算盘的女性：这种生活模式的女性是所谓的年轻保守派的典型。顾名思义，她们的特征便是习惯于采取保守的行动。

她们的外表看起来很朴实，她们善于裁剪衣服，编结毛线，烹调菜肴，一看就知道，是家教甚严的良家妇女。

由于一向拘泥于传统的伦理与道德观念，她们对于男性常常敬而远之。这种类型的女性在结婚之后，虽然免不了给人一种平淡如水的感觉，但她会实实在在地维持家庭，很有可能成为贤妻良母。她们对于性方面的意识很保守，对于性开放的问题总是嗤之以鼻。这并非因为她们恪守旧的伦理和道德，而是她们清楚地知道，性开放所带来的结果总是女人吃亏。因为这种女人是很会打算盘的，纵使在性的方面，也是如此。在结婚之前，她不会和任何男人轻率地发生性关系。

这类女人不大会自己去寻找恋爱对象，往往是父母代办的，或是亲戚朋友介绍的。她们比较重视双方的门当户对，而且希望对方有房子。这种女人一旦结了婚就基本不会离婚，与其说是封建贞操观念对她们的影响较深，还不如说她们精于盘算，懂得离过婚的女人在别人的心中会无形地贬值的缘故。

诸如这一类行动模式也会在购物上明显地表现出来。例如，她们上街买东西的话，总喜欢在这里看看，那里挑挑，很少有冲动式的购物欲，尤其是到自由市场上去买东西时，更善于讨价还价。她们对流行的服饰等虽然有着相当的关心，但不会被流行所左右，而喜欢凭自己的判断来选购东西。就拿衣服来说吧，一旦买回来后，她就会长时间地穿着，绝不会因为这种式样或颜色不流行了而弃之一旁。

在少女时期，她们对于一般女孩所热衷的跳舞、唱歌等娱乐是不大感兴趣的，认为一旦结婚之后，需要的不是能歌善舞，因此，她们宁愿把时间花费在学习裁剪、烹调等上面。她们即使参加运动，也不会特意去添置漂亮的运动衣，她们认为运动就是运动，根本不必借此去炫耀自己。因此，当她们看到穿着漂亮的运动衣招摇过市的女人，则会投以鄙视的眼光。

她们对于一切都讲究实用，对于“装饰性”的东西是不屑一顾的。她们打电话时，会简明扼要地把话说清楚，绝不会长时间地握着话筒与对方闲聊。即使是看书，她们也会选择那些一目了然的漫画刊物、读者文摘或者实用的生活大全、育儿知识等图书，很少会去看那些长篇巨制的小说之类。

即使想保持健康和健美，她们也不会花钱去美容厅、健身房之类的地方，更不会去买价格昂贵的滋补品。她们会因陋就简地自我锻炼，并相信“食补大于药补”。总之，无论走到哪里，她们都显得保守，处处会去精打细算。

5. 不完全燃烧型女性：这种生活模式的女性的典型是：陷入了丧失自信心理的“无可奈何派”。她们不爱好运动，也不喜欢流行的新东西，更算不上那种爱玩爱乐的人。简直可以这么说，她们是本身缺乏行动能力的优柔寡断型的人物，喜欢长久地躲在自己的硬壳里面。

可以把她们称之为“年轻的忧郁型”。她们的行动特征是：如果要去旅游的话，一定要挑文学作品曾经描写过的地方，喜欢步大诗人的后尘；如果要看小说的话，则非看悲欢离合的作品不可。除此之外，她也喜欢一个人去逛公园，上大街，不喜欢结伴随行，而对他人的头发式样、服装等很少去关心。

这种类型的女人，自古以来就被公认为具有内向的性格。由于她自己感觉到缺乏青春的活力，所以有自卑感，有时会自己瞧不起自己，自称为是“不完全燃烧派”。

不过，只要有一个能点燃起她心中火苗的男人在她身边出现，她就会身不由已地采取连她自己也会感到惊讶的行动。换句话来说，这种个性孤僻的女人，很容易上当受骗。

这里有一个最好的例证。在日本不断增加的女性犯罪案件中，罪犯几乎都是属于这种不完全燃烧派。因为“三和银行案件”而被捕，并名扬全日本的伊藤素子，便是这样的一个女人。据说，她平时的生活是很规矩的，所以在案发后，认识她的人都吃惊不已，几乎异口同声地说："那是个温文的女孩，怎么会……"那么，到底是谁在素子身上点燃了火种，以致使她一百八十度地改变了自己呢？

在警视厅的继续调查之下，令人意想不到的素子的另一面就浮现了出来。原来，素子有许多男朋友，她几乎每晚都跟他们外出喝酒。不难想象，素子之所以会走上犯罪的道路，是因为在她身边有一批帮她点燃邪火的人。

当然，她有时也不甘心于自己的低沉，会突然穿出大胆暴露的服装来，使她周围的人大吃一惊。其实，这只不过是她心理挣扎的一种表面反映罢了。

这一类女性，一旦有了足以自信的体验之后，往往就会转变成其他四种典型。尤其是，当她有了心上人之后，她就会很勇敢地突破自己的硬壳，把积蓄了多年的精力全部花在男人身上，一跃而成为行动派。

这类不完全燃烧型的女人虽然默默无闻，但是，只要想办法使她的优点和长处尽量地发挥出来，依然可以变成很不错的女人。或许，可成为为社会、为生活而充分燃烧的火把。

Ⅳ

情爱肢体语言

打破隔阂的奇方妙药

要想打破隔阂，首先必须知道隔阂在哪里，以及充分了解到你自己在与人交往中，设下了哪些不必要的防线。

法斯特教授曾在纽约大学的顾问训练中心里，看到不少实习顾问辅导一些少年的录像带。其中有一盘录像带，播出了一个面容愉快、穿着高雅的白种女人，在很温柔地对一个神情困惑、极为内向的黑人女孩谈话。

这个 14 岁的黑人女孩低着头，坐在一张桌边。她的脸侧斜着，竭力避开那个白种女人的目光。她的左手挡在前面遮住眼睛，右手伸直横放在桌上。

谈话进行之中，这个女孩的左手总是遮着眼睛。她讲话时发音清晰，但却不愿把头抬起来。她的右手偷偷地伸向白人顾问那一边，动弹着手指头把手掌移来移去，一会儿向前，一会儿又缩回，似乎充满了邀请与恳求之意。她的手，发出了这样的肢体语言的信号："摸摸我！看在老天的分上，摸摸我！请握住我的手，给我信心和勇气，这样我才敢看你。"

然而，这个白种女人对于辅导她还缺乏技巧和经验，所以被这种第一次遇到的情况吓住了。她直挺挺地坐着，双脚交叉，把两手交叉着抱在胸前。她抽着烟，只有在她要弹掉烟灰时才动一下手臂，但马上又会缩回手，重新做出两手抱胸的防卫姿势。她的身体的姿势，恰好明明白白地反映出了她的心理状态："我被吓住了，我不能理你。我不知道该如何来控制眼下的局面，可是我必须保护自己。"

如果是你的话，你会如何来打开这僵局呢？要是你连这样的局面也应付不了，那么，在谈恋爱时，面对心理情绪更为复杂的情侣，你就会大为尴尬了。

教育系教授布特勒罕明博士认为，打开僵局的第一步，就是让白人女顾问自己看看录像带，知道她自己做了些什么，然后详细地告诉她，她为什么会有这种反应。随后，鼓励她自我检讨自己为什么会害怕、犹豫、紧张和严肃，并且提醒她，如果下次再遇到这种情况，应该先与这个黑人女孩进行身体上的接触，然后再进行口语上的沟通。

在这个实习顾问的训练结束之前，这位女顾问经过不断的训练和自我总结，渐渐地，她和那个黑人女孩的谈话能触及到对方的心灵深处了，在身体上面的信号传达，也没有任何困难了。她能用手环抱住女孩的肩头，能拥抱她，并给予她一些她所需要的母性的关怀。

女顾问用身体的接触，打开了相互沟通的第一步。这种接触，既帮助了那个女孩，也帮助了她自己。因为那个女孩曾用很明显的肢体语言表示，她渴望一些身体上的接触。只有在双方都可以进入对方身体防区的时候，才能有直接的身体接触，才能达到帮助和接受帮助。

与此同理，当你的恋人用明显的肢体语言向你发出了希望身体接触的信号时，你如果茫然不知所措，必然会被对方认为是"冷血动物”而加以抛弃。当然，这种私人间的接触和对身体的侵入，是要有一定的勇气的，首先，你必须要除掉心理上的习惯障碍和剥去自己久戴的假面具。当然，做到这一点，并不一定非用身体去接触，有时候，也可以用口语传达去完成。

两人共用一件东西，以及相同的动作，显示两人的亲密关系。

即使我们没有这种使用口语去拆除他人面具、消除他人警戒心理的能力，还是可以运用非口语的办法来达到目的。这种办法可以包括身体的接触，也可以不用接触而使用种种肢体的变化来做到。

有一个美国的精神病医生在家中举行了一次很特别的鸡尾酒会，他邀请了很多客人，并在请帖上注明，凡是前去参加宴会的人们，“接触、嗅、注视、品尝食物都可以，但是不能说话。让我们用非口语的沟通，来消磨整个晚上。”

当法斯特教授和他的夫人接到这个邀请时，都表示不以为然。可是，碍于情面又不能不去。出乎他们意料的是，这个别开生面的鸡尾酒会，真是有趣极了。

整个房间里没有椅子可坐。这是故意安排的。客人们全都站着，或在人群里穿梭、跳舞，要不就指手画脚扮演滑稽动作、让别人伤脑筋去猜测意思,只是不说话。

在宴会中,法斯特夫妇认识了另一对夫妇,所有的介绍都由自己“进行”,强制的沉默既对人们互相了解有所障碍,但也有所帮助。这使人们必须真正认真地去了解对方,令人惊奇的是,尽管互相不说一句话,但在宴会结束之前,法斯特教授对他的新朋友已经有了清晰而又深刻的认识。

这主要是因为口语这个常掺假的面具被彻底地拿掉了的缘故。没有了这些限制行动的面具,互相之间可以进行更好的交往。这种交往,大部分依赖于身体的互相接触。

沉默中,腔调、语气以及连带在姿势上的变化都被排除了。当法斯特教授和一个男人握手时,注意到他的手掌上布满了老茧。这使教授确定,他必定是个建筑工人。由于没有语言造成的障碍,两个不同阶层、不同地位的人更容易互相了解和亲近。

这简直是一种促进互相了解的游戏,在这场游戏中,没有人吃败仗,没有人感到自己在被侵犯,更没有人感到有失自己的自尊。人们不再感到羞怯和难堪,人们都获得了真正的有意义的了解。

这种不说话的游戏,经常在年轻的男女之间进行。当一个少女或一个小伙子爱上了对方,如果用口语去向对方表达自己的感情,往往会陷入被拒绝的尴尬的境地;但如果我们扔开语言这一障碍,改用非语言的肢体姿势去表达自己的情感,就容易和简单多了,而且也不会因被拒绝而窘迫万分。尤其是女性,她们更善于和乐于用肢体语言去表达她们的爱慕之心。她们往往会借助于一些小动作,来表明她的情愫,比如,毫不难为情地当着心上人的面整装等。因此,不用口语的沟通,反而能使恋爱中的男女双方更透彻地了解对方,于默默无声之中相互沟通心灵。

美国的舒兹博士搜集了很多这种无声的游戏方法。其中有一个游戏，舒兹博士称之为“感受空间”。他叫一群人坐在地板上或椅子上，然后叫他们伸出双手去“感觉”他们四周的空间。他们一定会互相接触，彼此摸索。一旦一个人摸到了另一个人的身体，对方的反应必然是也用手去摸索他的身体。

舒兹博士经过观察发现：有的人喜欢去摸别人，有的则不然；有的人喜欢被人摸，有的人则不喜欢。这种相互间的感应，往往能把隐蔽在人的内心深处的情绪表现出来。被摸的人和摸别人的人在事后的讨论中，往往彼此间会增加新的认识。

还有一个相似的游戏，舒兹博士把它叫作“暗中摸索”。还是一样地闭起眼睛，但这些人可以自由地在房间里走来走去，互相用手去摸索任何一个碰到的人。这个游戏所产生的结果，和前一个游戏几乎是一样的。

在种种无声的游戏之中，人们把自己的感情融入了肢体语言。切莫小看这种游戏的作用，它往往能使你直接了解到问题的核心。这里有一个很有趣的例子：

有一对夫妻有一个儿子和一个女儿。女儿17岁，儿子14岁，姐弟之间的关系十分紧张。他们的父母说：“要他们同处一室而不闹翻是办不到的。他做的每一件事，她都看不顺眼，时常不肯放过他。”

于是，法斯特教授建议这对夫妻，试着叫他们的儿女玩一种非口语的游戏，即互相之间什么事都可以做，就是不许说话。

后来，这对姐弟的父亲把这场游戏所产生的神奇效果告诉了法斯特教授。原来，当这场无声的游戏进行了几分钟之后，姐弟俩都变得十分困扰。不能说话，就使姐姐不能唠唠叨叨责骂弟弟，简直不知道该如何应付他，更想不出可以用其他什么办法来指责他。后来，弟弟故意走到姐姐面前，冲着她扮鬼脸，她情不自禁地一把抓住了他，然后把他推倒在自己的膝上，紧紧抱住了他。

姐姐的这一举动，使她的父母十分惊讶。全家人都认为，从她的行为来看，她似乎是对弟弟施了母爱。她自己也承认，自己确是以母亲的态度来对待弟弟的，平时对他的责骂，也是批评的性质较少，母爱天性流露的成分较多。她抱住他的这种肢体语言，不但使她看清了自己，也使弟弟明白了姐姐对自己的爱护。从那次游戏之后，纵然他们仍然会斗嘴，但再也不像过去那样厉害了，两人之间也有了新的亲切感和了解。

从上面的例子中，我们可以清楚地看到这样一个事实，在人与人的沟通中，语言往往变成了一种装饰的面具，容易成为情感交流的障碍。如果口语被彻底摒弃，那么，唯一的沟通只有靠肢体语言了，真情实感就有办法突破面具的束缚了。

恋爱中的男女，无声的肢体语言胜过有声的语言，并可激起新的心境。

丢开了语言以后，在性的接触和恋爱中使用这种方法，可以变得非常有意义，而且有助于发展和增进双方的关系。不知道什么道理，对不少人来说，经过触摸以后，再注视对方的身体就觉得自然、从容得多了。这种无声的沟通，足以使男女双方的心声和情感在无声中得到彻底的交流，做到以心换心，真正使双方的身心融为一体。

令人神魂颠倒的信号

现在,让我们再来看看,一个男子如果不依靠口语,而凭借着他的姿势和眼神,能在和异性的交往中,发挥出什么样的魔力呢?

居住在纽约的麦克,是一个喜欢与女性交际的人,他追女人近乎万无一失。他能够在一个全是陌生人的宴会中,在 10 分钟之内就和一个少女亲热起来,半小时以内就可以随心所欲地带着她上任何地方去,甚至把她带回家或到她家里去。

麦克的绝招是什么?别人花了半个晚上的时间、鼓足勇气好不容易地渐渐接近了一个姑娘,没想到麦克像是半道上杀出的程咬金,又快又有效地把这个姑娘从别人身边吸引到了他的面前,别人只得眼巴巴地看着麦克代替了他的位置。他们实在弄不懂,麦克有什么"魔法"。

要是你去向姑娘们请教,她们准会耸耸肩膀说:"我也不知道。我只感到,他伸出了他的天线,而我得到了信号并且加以回答,我只知道……"

其实,麦克长得并不怎么帅,虽然他是够潇洒的,但这并不是他吸引人的地方。麦克的秘诀是:他有一种受无意识支配的肢体语言，而他又发挥得很恰当、自然。当他走进人们聚会的场所时，他的肢体就自动地发出了他的信号："我是没有女伴的。我有大丈夫气概，不但充满青春活力，而且很有学问。"当选中了目标后，他的肢体语言信号就变为："我对你有好感，你吸引了我。在你的身上，有种令人兴奋的魅力，我想弄明白这究竟是什么。"

观察麦克的行动，看着他能有效地发出信号，跟对方取得情感上的联络，不由使我们感到，麦克在这方面是很不简单的。他到底使用的是哪一种的肢体语言呢？可以说，这是一种特殊的性感的非口语表达。我们似乎可以把它称之为"恋爱肢体语言"。

恋爱肢体语言所产生的对异性的吸引力，这种非常明确的爱的信号，是许多东西混合的成果。他的长相、外表只是其中之一。这种外表并不是生来就有的，虽然这只是一种很平凡的东西，但是麦克却依靠着重新组合这些外表，去传达他的信息。如果你仔细地去观察他，就会发现在他的身上有种很明显的性感存在。

有一个认识麦克的女人曾说，"当然，麦克是一个非常性感的男人。但他到底有多性感？还真不容易从他的外表看出来哩。"要是再进一步追问，她会说："他身上似乎有某种难言的特殊的气质。"

实际上，这是一种错觉。麦克并没有什么特殊的气质。有一部分归功于他的穿着方式。他选择的裤子式样，他的衬衫、夹克和领带，他的发式，两撇小胡子，这些都有助于表现他的风流，但最重要的还是麦克站立和走路的姿势。

有一个女人称他为"风流倜傥"。有一个认识麦克的男人却不这样认为，觉得麦克“油腔滑调”。麦克用来取悦女人的技巧，对男人来说是一种侵犯和挑战，因此，男人们对他的姿态表示轻蔑。

麦克还会使用一种足以引起男人嫉妒和使女人觉得刺激的眼神。有些电影明星也有这种能耐，他们时时散发着男性的气息。例如，保罗·纽曼、马龙·白兰度、李伯·堂恩等，他们都能用眼神来传达一种明显的性感信号。他们都有一种特殊的走路姿势，不需要其他动作的帮忙，光凭这走路姿势，就可以吸引女人的注意力。

但是，麦克除此以外还有其他的绝招。他有许多小动作，也许只是一些无意识的小动作，却可以帮助他加强性感的信号。当他背靠着壁炉打量室内的女人时，通常采用两腿分开的姿势。他的臀部在悬空的情形下，会微微地向前方摆动。这种姿势表现了某种性的意味。

再请注意看麦克站着时的姿势，把大拇指插进裤袋上方的腰带间，其他四指则指向裤裆。这种姿势我们在美国西部片里常常能看到，通常，英雄人物不会采用这种站姿，这是那种好色的恶棍的典型形象。他们懒散地靠在畜栏上，勾画出一个危险的男性形象。这种恶棍受到每一个男人的痛恨，而女人呢，她们的感受就复杂得多了，这里面不单单包含着恨意，或是情欲，或是恐惧，很可能是这些情感的混合物。配合着他们的这种嚣张的站姿的，是他们的皮制长裤，悬垂着的臀部，以及凝视着的目光。所有这些肢体语言都在发出了露骨的、明显而又不容抗拒的信号：“我是个十足的男人。”

麦克的样子比那些电影里的恶棍的表现要含蓄得多，但是，他所发出的信号的含义是相同的。这些肢体语言所制造出来的气氛，往往使得容易上钩的女人神魂颠倒，而使那些看来正经的女人暗中深感兴趣和好奇，或者使羞怯的少女情不自禁地脸红。

下一步——如何打动对方的芳心呢？麦克自己这样说道："我对那些被我吸引了的女人加以判断，我晓得谁会吃我的那一套。何以晓得？这很容易，只要看她们坐的姿势和站的姿势，就能一目了然。然后我选择她们中的一个，盯牢她的眼睛。要是她对我感兴趣，就会用眼神回答我；要是她不理睬，那就算了，我再另找一个。"

这位年轻女士的眼光显然意味深长。

那么，麦克用什么方法观察对方的眼神呢？

"我还在不太有把握的时候，多盯她一些时候。我不让她将视线移向别处，同时尽量地集中我的视线对准她。"

然而，对麦克进一步观察和研究，就会发现，他的绝招还远远不止这些呢。麦克有一种奇特的本领，能够正确地判断出一个女人的自卫性肢体语言，并想方设法地突破她的这道防线。如果一旦女人交叉起手臂表示着防卫，他就张开自己的手臂，对之以开放的姿态；如果她的举止神情过于严肃，那么，他在谈话时就尽量地放松自己，以轻松的姿态来动摇她；假使她紧绷着脸,他则和颜悦色地笑脸相对,使她也变得愉快。如此种种,举不胜举。

总之,他使用了和她相对的肢体语言信号,来影响她,诱导她。麦克靠着这种做法,神不知鬼不觉地左右了她的心理,除去了她的面具,使得她在无意之中有了开放的意向,于是,她就不知不觉地向麦克接近了。

麦克毫无阻挡地进入了这个女人的意识之中,当他们彼此交换过信号,他得到了对方的开放信号之后,接着就开始身体的入侵了。但这种入侵,还不是直接接触对方的身体。

他开始走近她或坐近她,挨近到她的身体防区的亲密性的领域距离之内,使她感到坐立不安,然而却又不能公然合理地抗拒他。麦克从来不会轻浮地对一个女人动手动脚,他的接近或侵入她的领域距离,已足够转变他们之间的情势了。

在他们接下来的谈话之中,他更使用视觉来做进一步的入侵。他们之间谈些什么内容的话都无关紧要,他的眼神所说的比他的声音所表达的要多得多。这种眼光是有意的,而且含有希望的成分。

配合着眼光的抚摸,麦克还会不经意地用舌头舔自己的嘴唇,或眯起眼睛显出陶醉的神情,这种比口语更为强烈的刺激性的奉承,往往使得

当男人渴望艳遇,有时会做出像婴儿弯曲着舌头探寻乳头的动作。

这个女人坐立不安和兴奋激动。

使一个女子如此神魂颠倒，麦克到底做了什么手脚呢？他连小指头都没有碰她一下，更没有说那些露骨的肉麻的话。无论从什么样的社会标准来看，他都是一个举止温文尔雅的风度十足的绅士，没有任何非礼的举动。要是指责他的眼神太热情、太大胆，那也只是你的直观判断而已。因为若是她不喜欢他，认为他看人的目光太无礼，她大可瞪他一眼，并把自己的目光移向别处。

然而，这个女子真的不喜欢他的那种眼神吗？不会的，因为麦克正专心地在奉承着她。麦克的眼光，实际上是在说："你使我感兴趣。我想进一步认识你，更亲近你一点。因为你和其他女人不一样，你真有魅力，你是此时此刻我最关注的女人。"

麦克除了专心地奉承这个女人，把他的视线集中在她的身上外，绝不会左顾右盼地造成分心的错误。在这种肢体语言的猛烈进攻下，女人的心理即使是坚固的堡垒，也会被他攻陷的。多半的情况是，接下来麦克不必多费口舌，就可以带着这个女人到任何地方去。他只要说一句，"这儿真闹，我们到外面去走走吧"，或是"我想带你到一个有趣的地方去，我们走吧"，那个女人准会毫不犹豫地站起身来，跟着麦克而去的。

麦克的秘诀在于他能读懂女人身上所发出的肢体信号，而且很少有错。在人与人的交往中，女性往往会向男子发出这样的信号："我是可亲近的，我很有女人味，你想要我吗？"

如何读懂女人所发出的这种恋爱肢体语言呢？这已经在女性肢体语言那一篇中多多少少地提到了一些。下面，我们比较全面地再做一番叙说。

常见的求爱肢体语言

在我们的社会中，两性之间的交往常常会给女性招来许多麻烦。即使她们很想和男人亲近，也只能把这愿望藏在心底；要是轻率地表现了出来，那就糟了，这会使别人看低她们的身份，认为她是轻贱的女人。虽然她生怕被人看到她的内心秘密，但她又希望被她所垂青的男子了解到她心里的欲望。在无意识中，她又会怎样来表达呢？

她传达信号的绝大部分办法，仍然是用姿态、举止或行动来表示。如果她比较地装腔作势，往往会被男人认为是做作。但是不管怎样，她那扭动着的臀部和肩膀，都在明确地告诉别人，她是可亲近的。她坐的时候，会把两腿分开来，象征着开放和邀请，或是做一个用手轻轻拍胸的动作，或是说话时摇晃着大腿等，有些动作是装出来的，有意的；而有些则纯属是无意识的。

例如，一个女人在和你交谈之中，似乎漫不经心地在胸前环抱起双臂，而使她的乳房突了出来。你千万不要误以为，她是在向你发出诱引的信号，其实，她是在向你传递一个肢体语言中的最普遍地公认的信号："我不接受任何劝告，我不想听你胡说八道。”

表示拒绝，是这种抱臂动作的最为普通的解释，而且是许多心理学家都熟悉的常规动作。比如，有一次史保克博士到一个警察学校去讲演，那些警察听众们对这位杰出的博士怀有很深的敌意，所以每个警察在听他讲演时，都两手交叉着抱在胸前，而且都绷着脸。很明显地，这些警察都在无声地说：“我虽然坐在这里，但是我的心是闭锁的。无论你说什么，我都不愿意听。我们是不相容的。”

但是，她的交叉着抱在胸前的双臂也可能在表示：“我遭受到挫折，我得不到我所需要的。我被封闭、被禁锢了，放我出来吧。我是可以被接近，并且是容易亲近的。”

对肢体语言了解得不彻底的人，或粗枝大叶的人，就会对这个动作做错误的解释。只有谙熟肢体语言的人，才能从她发出的信号中，得到正确的意义。在她双臂交叉着抱在胸前时，她的脸是扭曲绷紧又充满了挫折的神情吗？她是僵直地坐着而丝毫不放松自己吗？当你注视她时，她是否把眼睛避开？若是一个人想有效地准确地使用肢体语言，则必须把所有的肢体信号朝正确的方向集中。

一个可以亲近而且又有主动欲望的女人，她的行动通常是可以预测的。她会使出许多肢体语言上的“诡计”，用以向你拍发她的可亲近性的“电报”。她会像麦克一样，应用侵犯领域的方法来达到她的目的。她会坐近她想追逐的猎物，使他产生一种因为太接近而会有的拘束感，当这个人踌躇不安而又不知道什么原因时，她会更进一步地利用他那种拘束感，发出另一些信号，使他失去内心的平衡。

男人在耍这套绝招时不能触碰女人的身体，而女人运用这种攻势时却可以触碰男人。这种身体的接触可以引起他的更大的不安，帮助她从这个缺口冲进他的领域。

电影里和小说里常常有这样的描写，当一男一女虽有好感但仍没有讲穿之时，借着传递东西的机会，例如递给对方一杯茶啊，送过一把伞啊，偶然使双方的手接触到了一起，于是，手的短暂的接触，激起了他们“心灵的火花”。

女性往往做出像“小女孩”似的样子，以激起情人或者上司的垂青。

有心机的女人，就会利用这一点。她会摸出一支烟来，装着找火的样子。于是，男人划了根火柴，递到她的面前。由于心中的紧张或不安，男人拿火柴的手或许会微微颤动。女人借着要稳住火苗，会一把捏住对方的手腕，使烟点得更顺利。这种片刻的肉体接触，就是一种很有效的挑逗。

女人进攻的方式，除了上述的侵入身体领域之外，还有一些其他的方式。可以利用坐近对方的机会，整理自己的裙子；故意分开双腿，挺起丰满的胸脯，含娇撒痴地撅起嘴巴，当着他的面补妆等等。动作之外，还可以利用对方的嗅觉。例如，在适当的时候或特定的环境之中，使用一些适用的香水，可以给他一些隐隐约约的、却又是具有刺激的感觉。这是攻势中很重要的一环。

如何选择正确的肢体语言

要正确地发出你的肢体语言信号，就必须选择正确的姿势。恋爱肢体语言，是有它的一定的信号的，可以用来传递心声，借以建立起亲密的关系。

法斯特教授年轻时曾在美国军队中生活过一段时间。有一年，他所在的部队要调离波士顿。在部队调防前，军中的一个伙伴哄骗他一起到军营外去“结交女人”。法斯特教授那时对这种事素来没有经验，可是在同伴面前为了不丢面子，又不得不冒充“个中好手”，然而，以后发生的事实，却不得不使法斯特对他的同伴甘拜下风。

年轻的法斯特一路注意同伴的举动。他在半个小时之内，就搭上了五个少女，并选择了其中的两个少女留下来陪伴他们。法斯特看出，他勾搭少女的技巧，完全是建筑在肢体语言上的。

当那个同伴有目的地在街上闲逛时，他会敏捷地抓住一对有成功希望的少女的眼睛，望得比平常久一些，然后扬起一边眉毛进行挑逗。要是这个少女的步子逡巡起来，或停下来取出粉盒照照，整理一下她的丝袜，或到街尾看看橱窗设计，这就是她在回报你的信号了。这些肢体语言表示:“我注意到你了,也可能对你有兴趣。让我们走下一步棋吧!”

法斯特的同伴这时就停下来,转身跟在这少女身后走一段路。他绝不贸然向那个少女做出接触的姿态。他采取的方法是,故意和法斯特对她进行评头论足,评论她的衣着,走路的姿势以及她的身材模样。所有这些评论的话,都是使用半幽默的词语,是一种既维持面子又不会触怒对方的手段。

开始时,她会对他的跟踪假装很讨厌,要是这段跟踪的时间拖得太长的话,她当真会从假讨厌转变成真讨厌的。总而言之,如果她朝他痴笑或者回答他的话,或她跟自己的女朋友也对他评头论足一番,只要有其中的一种反应,就表示有了进一步的好感。

法斯特的同伴终于和那个少女结交上了,两人并肩漫步着,有一搭没一搭地亲热地交谈起来。

我也曾见过,很多少男少女运用上面所说的非常类似的方法进行结交。少男少女们的结交过程和相当成熟的青年男女们的结交,只略微有点不同,那就是,他们的

吐舌头,有的具有性挑逗意味。

每一个步骤都比较呆板而明显,而且这种游戏必定要从头演到尾才能奏效。无论到哪一个阶段,都可以由任何一方中止进行,而不会有碍对方的面子。这就是成功而温和的结交所必需的严格规则。

如果抛弃这种形式上的结交过程而急于求爱者,往往是要碰壁的。任何青年男女在从陌生到相识,从相识到爱慕都有一个过程,即使是所谓的一见钟情者,也同样有个过程,只不过这个过程发展的速度比别人要快得多罢了。在这个发展的过程中,恋爱肢体语言的传达和沟通,起了决定性的作用。

尤其是经人介绍的男女双方,因为素不相识,所以第一次见面时第一眼的印象很重要。这所谓的“第一眼的印象”,大都是你的穿着打扮,你的身材长相,你的肢体举止所综合成的气质如何,即你的肢体语言的总信号在告诉着对方什么。无论介绍人在对方面前把你吹嘘得有多么的完美,如果乍见之下,你衣着邋遢、样子猥琐、举止粗野的话,对方准会立刻就退却,因为你的肢体语言信号已经明显地向对方做了自我介绍。对方完全用不着再听你诉说些什么了。

尼尔森博士是丹麦哥本哈根大学心理实验室的教授,在他所著的《在自我对抗中学习》一书中,说到了一种他称之为“求爱舞”的求爱过程。这是美国青年男女普遍使用的、非常重要的恋爱肢体语言。

尼尔森博士客观地把求爱过程做了临床分析。他发现,“从青年男女之间的亲密求爱到性交”有 24 个步骤。这些步骤基本上都是男性设计并发动的,而女子则采用相反的步骤。就此而论,男性对女性有一种似乎“强制命令”的意味。尼尔森博士说,当一个男性做出握住女性的手的这一步骤时,那么,他在紧接着采取下一个步骤前，一定得等到女性也用力握住他的手，发出了可以“更进一步”的信号后，才能更亲密地把他的手指跟女性的手指相互缠结在一起。

尼尔森博士在他的建议中说，这种“求爱舞”的节奏进行得“快”或“慢”，不需要用时间来衡量，而要用这些步骤的顺序来衡量。如果你能“跳跃或颠倒它们的顺序，就表示进度快”；同样，如果你对于她向你发出的可以进入下一个步骤的信号不闻不问，或者她不允许你再进一步，那么你的进程就是慢的了。

我曾听到一些姑娘讲起，由于好奇，她们常常去注意街上结伴而行或者幽会于公园中的情侣们，试图去猜测他们之间的亲密关系已发展到了哪一步。其实，你只要熟悉了“求爱舞”的步骤进程，就不难从他们的恋爱肢体语言中得到准确的信息。

比如，两人携手而行的话，他们的关系要比挽着胳膊更为亲密。而同样是携手而行的两对恋人，手指缠绕的一对要比握着手掌的一对关系更为白热化。如果一对情侣，男的搂住女的肩膀，女的将手环抱在男的腰间而款款慢行的话，可以看做他们之间的亲密关系已经程度至深了。同样，一对坐在公园的树荫下幽会的年轻男女，如果互相抚弄着对方的头发的话，他们双方之间的关系已经极深，也许正在悄悄商议着结婚的计划安排呢。

从两个人所处的距离中也可以判断出来。例如，两个年轻的男女结伴在街上行走，两个人的身体之间相隔了一臂远的距离，说明他们还是初交，虽然互有好感，但尚在进一步的了解和探索对方之中。另有一对，肩膀和肩膀之间的距离很近，大概只有一拳之距吧，这关系是否比前面的一对更亲密呢？不一定。如果他或她在挨近对方的肩膀上背了一只书包，也就是利用书包在两人之间筑起了一道不可逾越的心理之墙，那么他或她的肢体语言发出了这样的信号："我不会向你求爱，我之所以陪着你走，仅仅是出于礼貌。"如果他俩关系融洽的话，他或她就会把书包背到两个人外侧的那个肩膀上去。

石川弘义教授曾听到他的一个朋友讲的一个故事。他的那位朋友是位心理学家。

有一天，一群四年前已经毕业了的学生们来拜访这位心理学家，因为他是他们的老师。其中有一位女学生告诉心理学家说，她已经结婚了。说着，她就想拿出结婚照片来给老师看。不料，另一位同学却想考考那位心理学家，对他说："老师，你以前常告诉我们，两个人婚后是否能够幸福，只要看双方的脸相即可了解。他们两人在结婚之前，曾共同参加过我们学校的野外活动社团，并曾合拍过一些集体照。今天，我们把照片都拿来了，老师能否从照片中找出她的丈夫到底是哪一个。"

这位心理学家，平时喜欢信口开河地给学生们看相讲未来，会说些"你将来一定会跟某某类型的女性结婚的"，或者"我敢说你心目中理想的白马王子，一定是身材魁梧的男孩子，准没错"等等。他往往"算"得很准，因为他掌握了这样一个规律：人类在择偶行动上所表现出的最大的特点，就是要寻找"能够掩饰或弥补自己弱点"的那一类异性。例如，软弱而自卑心强的女性，往往找精明能干、富有自信心的男人做丈夫；而脾气急躁的女性又爱嫁给性情温和的男子。

那位女同学是属于林黛玉型的体格瘦弱的女子，因此，心理学家暗忖道："我只要从那些照片中去找一位身材魁梧的男子，一定错不了。"

谁知，看了照片后，心理学家推翻了自己的预测，找到了一个身材较为矮小而瘦弱的男青年,因为根据照片显示,这个男青年在照相时经常站立在那个女学生和其他女学生并列的左后方。从那个女同学带来的照相簿中可以看出,在最早拍的五张集体照中,那个男青年所站的位置在逐渐地接近那个女同学。大学二年级时拍的春季露营团体照中,他们俩人之间相隔着4个其他同学;到了同年秋季,俩人间只隔了3个同学。到了大学四年级时,两人已并排站在一起了。

心理学家从两个人之间的距离上的接近,看出了两人间亲密程度的增长。所以心理学家故意装出一副掐算的样子,思考了一阵,然后缓缓地对那个女同学说:“这个瘦小的男孩子一定是你现在的丈夫,没错吧?”

那个女学生非常高兴地喊了起来:“老师,你真的猜中啦!”

那么,这位心理学家一开始根据女学生的体质,所预测的她的丈夫必定是魁梧的男子汉的判断,错了吗?经过深入了解,才发觉预测也没错。原来,那个男青年的外表虽然瘦小,但他在事业上却是个强者,因此,在精神上的意义来看,她是把他看作一个有能力的伟丈夫的。

听了以上这个故事,你一定会明白地看到,两个人之间的距离往往直截了当地表达出了恋人们的亲密程度。当然,这并不是说,所有相处在亲密距离中的男女,都是恋人,因为在恋爱肢体语言中,除了含有明确的性意味的信号外,另有一种毫无性意味的性语言。

含有性意味的肢体语言

谢弗林博士是纽约市爱因斯坦医学院的精神病学教授。他把人类的求爱及他所谓的“类似求爱”做了研究并绘制了类型表。这种类似求爱的形式是用阿谀、调情或性感的表现，来达到非性欲的目标。

按照谢弗林博士的说法，人类的行为都是有模式的，有系统规律可循的，而且它们都是以许多片段和局部来构成一个整体的。这种学说在人类的性行为中进行检验，证明是对的。我们用一连串的要素，建立起彼此间的性关系。谢弗林博士同时发现，即使是在谈生意的场合，在社交聚会中，在学校、在企业中，以及在其他的许多公共关系中，即使人们在心中并没有追求性欲的目的，也用上了性的肢体表达方法。比如，在某些外交场合上，一国为了争取另一国的友好或援助，往往采用“夫人外交”的手法。一国官员的夫人像挽着情人一样，挽着另一国官员的胳膊边走边谈，在谈判之中，那位夫人会使用自己女人的魅力，使气氛变得十分融洽，以使谈判获得极大的成功。在这种场合下，那位官员的夫人尽管毫无性的欲求，但她时时处处在使用着“恋爱肢体语言”，即用上了性的要素。

谢弗林博士下结论说，美国人在与性欲无关的场合下，姿态亦很性感，或者说，他们的性感姿态似乎已经成了他们的肢体语言上的一种固定的信号，纵然是在不以达到性交为最终目的的情况下，也是如此。

那么，哪些是典型的性感姿态呢？根据谢弗林博士的研究，当一个男人准备和一个女人幽会时，虽然他们并不知道自己做了些什么，然而他们却早已无意识地交换了一连串的恋爱肢体语言，使他们进入了有所准备的状态。

他们的肌肉变得微微紧张，表示“准备好了”。肉体上的萎靡顿时消失得无影无踪，他们站得更挺拔了一些，动作也机敏灵活了起来。他们不再拉长着脸，眼皮的肿胀也消失了。他们的举止变得更年轻活泼，腹部向里紧缩，腿部的肌肉犹如绷紧了的弓弦。由于他们的皮肤变得羞红或苍白，连眼睛也好像明亮了许多，甚至连身体所散发出来的气味也有所改变。追溯到上古时代，那时候人类身上的气味，对于在黑暗中幽会的异性，是一种非常重要的诱惑性感受。这一点，在其他动物的身上，依然非常明显地存在着。

当这些变化发生后，男人或女人就会进入下一个阶段，使用上恋爱肢体语言了。谢弗林教授称之为“整装姿态”。女人会用手掠拂她的头发，或者故意披散开她的波浪般翻卷的长发，或者拿出粉盒唇膏着意补妆、下意识地扯扯裙角、整整衣服；男人则会梳他的头发，或用手往后捋头发，扣上外衣的纽扣，扯直衣服，拉好他的短袜或调整他的领带，重新束紧他的裤带或弄直裤子上的皱纹。他们都会尽量使自己的仪容看上去更整洁、舒服。

这些都可以看作是恋爱肢体语言的特定信号，它们是在表示：“我对你有兴趣，我很喜欢你；请你注意我，我是一个有吸引力的男人(或有魅力的女人)……”

有些姿势看似很平常，但从中显然能看出两人不自觉的关系。

幽会的下一个步骤，主要表现在他们的姿势上。请注意看看小型聚会中，一对彼此已经有意的男女，他们如何坐法？如果他们身体或头部朝着前方并排坐在一张长沙发中，而有个第三者正坐在他们对面的沙发中，他们的心中就会产生两种烦恼。一是他们有着一种希望封闭他们两人共有的小天地的愿望，与其他人统统都隔绝；另一种是基于社会感和社交礼节，又不得不容忍第三者。在这种进退两难的情况下，他们只得采取折衷的办法了。他们可以交叉着架起他们的腿，告诉对方他们是小圈子里的人。坐在右边的他，会把他的右腿交叉着搁在左腿上，而坐在左边的她，则会把左腿交叉着搁在右腿上，用他们的腿互相构成一个封闭的状态，以达到使用腰部以下的肢体表达方法把第三者隔离开的功效。总之，他们把直接面对着第三者的身体的上部，作为向第三者公开和容纳的表示,以使自己不至于因有悖于社交礼节和他们心中的社会感而招人非议;但封闭似的架腿构成的下半部身躯,表明了属于不向第三者公开的私人小天地。

如果他们是面对面地各自坐在一张小沙发上的话,坐姿又有所不同。他们一定会把自己的身体和脸部正面朝着对方,并把身体倾向前面,以堵塞第三者的侵入。他们也许还会用两臂围成一个圆圈,或者用四脚交接的方法来构成一个封闭的势力圈,阻挡任何可能侵入的第三者。

要是一个女人在聚会场所,想和一个男人有较亲密的关系,他们两人便可以由上述的坐姿和站姿组成一个紧密的单位。她会像主动追求性欲的女性一样行动,只是比较含蓄些而已。

以上这些,都是典型的性感姿态所构成的恋爱肢体语言。那些不包括性欲涵义的恋爱肢体语言,又是怎么一种情况呢?

在一家工厂的会议室中,担任总会计职务的男职员和担任生产成本统计的女职员,正在和生产部门,供应、销售部门的职员们讨论着如何增产节支的问题。他俩坐得很近,在别人发言时,她会歪侧着头用眼睛去瞄瞄他的反映。这种眼神,往往会被看成是性挑逗的眼神。当她在用统计数字反驳其他部门职员的一些错误的判断时,他则微笑着凝视着她的脸,做出一种看来是性邀请的姿态。然而,十分明显的是,此时此刻他们两人只是全神贯注于所讨论的工作问题,并没有性的目的。

难道,是他们隐瞒了真情吗?莫非他们心中真的有着性的欲望存在?还是我们误解了他们的肢体语言呢?

在餐馆中,当女服务员端菜给客人时,下意识地拢了拢头发,扯了扯衣裙,是因为她对客人有性好感,在做“整装姿态”吗?当她微微扭动着臀部把色香味俱全的菜肴端到客人面前去时,她是希望客人注意她的性魅力吗？当客人夸奖着菜，夸奖着她的服务态度时，她微笑着向客人飞了个媚眼，是在发出性挑逗的信号吗？

即使在大学的实习研究室里，也会发生这样的情况。有一个女学生用极其亲密的眼神，发出了肢体语言上的信号，似乎是在对教授表示性方面的邀请，而教授也用同意的反应回答了她。他们是在调情吗？

一个歌唱明星或影视演员，向簇拥着她的歌迷或影迷们连连抛着媚眼和飞吻，难道她真想和那么多的人发生性的关系？显然，是我们误解了他们的肢体语言，那么，这些肢体语言难道并非是性的信号？这一切，又该怎么理解呢？

在美国的一个心理治疗研究室中，有一群心理治疗专家对一个女病人故意使用恋爱肢体语言，向她发出了性邀请，即可以在性关系上有所作为的信号。那么，作为医生来说，他们越出了常规，违反了职业道德规则了吗？还是因为发出这种信号正是他们所采用的一种心理治疗的手段呢？

谢弗林博士对这种情况及类似的情况，经过一番仔细的研究后，发现有些人在完全没有性意图的时候，也常发出性的信号。总而言之，他发现恋爱肢体语言所发出的信号，在其目的希望幽会和毫无性意味的时候，两者间是不太一样的。这个微妙的差别是："我对你有意思，因为你很有能力，我希望和你共同处理业务，但是这跟性无关。"或者，"我对你们有好感，因为你们赞赏我，我愿意和你们在一起，这对我的事业或工作有帮助，但是我对你们并无性的欲望。"

要是忽略了这种微妙的差别，往往会造成不必要的误解，使双方陷入尴尬的境地。那么，我们有没有办法，把不具有性的意味的交往信号，使对方能了解得明白无误呢？办法是有的。

根据肢体语言弄清交往的性质

如何使对方弄清楚不具有性关系的交往呢？法斯特教授认为，我们可以随着发出性的信号的同时，加发出另一组暗示信号。换句话来说，即在恋爱肢体语言上面，再加一点点其他的不同意思的肢体语言，往往能收到良好的效果。

有一种方法可以让对方知道，我所发出的性的信号是做着玩的，不能当真。例如，不论是在企业的业务会议上，还是在上课的教室中，抑或是在医院的诊疗室里，你只要强调一下现在所处的场合，有时只需用一个动作、一个眼色，或者和其他聚会中的人点点头，就可以简捷地表明了。

另一种区别性关系与业务关系的办法，是发出不完整的性的肢体语言信号，而略去其中重要的部分。两个人在业务会晤时坐得很接近，可能由于面对面的交谈而涉嫌有性关系的成分，但是，他们可以采取稍为侧身而坐的姿势，或者，伸出两臂把别人也包括在他们的私人圈子里，或者提高嗓音让别人都能清晰地听清他们之间的谈话。他们还可以用避开对方眼光的方法，来打断对方的进一步联络。

在这些情况中，都是把“性欲信号”中的主要成分滤掉，那些被滤去的部分可能就是眼光的联系，低沉的语调，手臂只靠近对方或者其他任何一种亲热的行为。

另一种表明非性关系的方法，是采取否认态度。例如在某个雨天，一个没有带雨具的男子接到一个素不相识的女士的邀请，让他和她同撑一把伞。伞小雨又大，两个人的身体几乎紧紧地贴在了一起，甚至能很清晰地闻到她身上所发出的一股特别的气味。为了中断这种性激信号的传递，男子故意对她说，我的妻子和女儿准没料到我今晚会赶回来，我一进家，她们准会从睡梦中惊喜地醒来，等等。这就是采取否认的态度。在谈话中提起自己的妻子或丈夫，男朋友或未婚妻，可以把彼此之间的关系维持在一定程度上，并且在向对方传达这样的信号："我们是朋友，不是情侣。"

这样，我们又回到了谢弗林博士的论点上了。他相信，一个人的行为发生于一定的形式，并造成完成的典型。如果其中某些形式被略去，完成后的典型将完全不同。在这种情形下，它从性关系变成非性关系，但仍存在着非常强烈的男女之间的感应。

这种在公务上的或社交上的半戏弄式的性关系，存着一种强烈的喜爱的情感色彩。许多并不期望得到性满足的人们，往往在人与人的交往之中，巧妙地利用这种性别差异所造成的感应力。比如，做生意的人使用性感的肢体语言来赢得对方的好感，促使生意成功；知识分子利用它作为教学的辅助，使学生能被自己深深地吸引住，加强教学效果；治疗学家则用以造成对方的一种心理状态，使之有利于诊断和治疗。他们都知道，他们只是在巧妙地利用性别而已，并不指望求得性欲的满足。

不过，谁也不敢保证在这些情况下，不会有性关系的进展。玩火有时会燃起真正的烈焰。老师与学生、男职员与女职员、医生与病人等等，由一般的非性欲的亲密关系发展到真正性的关系的例子，已经够多的了。这种弄假成真的例子，不能不说是对那些惯于利用性别差异的人的一种讽刺。

无论是男人还是女人，如果掌握不好使用不含性意义的性语言的技巧的话，一定会遭到无妄之灾，不是使自己的幸福家庭遭到破坏，就是使自己背上不名誉的冤屈，因为人们总是倾向于认为，关系亲密的男女之间不可避免地会发生性关系。

石川弘义教授有个最要好的朋友，是个经营制药厂的年轻实业家。由于他在工作中，往往使用不含性意义的性语言，使得他的妻子怀疑他和女秘书之间有暧昧关系。于是，妻子醋意大发，和他又吵又闹，认为他是个不正经的丈夫。在无可奈何之下，他不得不到公司的办公室里去过夜。

男女间的有些动作只有在恋人间才会做出，如这对年轻的俄国恋人。

睡觉当然要脱掉袜子和外裤，结果第二天一早，女秘书来上班了，发现他的手帕和袜子散落在地板上。这位女秘书是个伶俐而又勤快的女性，随手就把手帕和袜子拿去洗了。

为男人整理衣服、东西，收拾房间以及洗涤脏衣服等，同样是一种具有性的倾向的肢体语言。比如你到电影院去看电影，当银幕上映出了一个女人在男人的房间里整理内务，拆洗被褥衣裤等情景，很容易使人猜想到他们是一对情侣，给人一种他俩之间存在着微妙的爱情关系的印象。

像手帕、袜子等一些微不足道的小物件，对于男性来说，并不包括任何特殊的性的意味，但对于女性而言，这些小东西却是能表现出性的亲密性的重要象征。即使是一个男子帮助女性穿上大衣的动作，从女性的眼光看来，也表示着性的亲密感。

由于男女在这些小动作上，各自的观点不同，所以无论那个年轻的制药厂经营者如何申辩，她的妻子是不会相信他和女秘书之间的清白关系的。丈夫的再三解释，反而增加了妻子的疑心，认为他是“此地无银三百两”。

这种似乎性交往的情况，由于经常在各种场合发生着，因而它逐渐变成了我们社会文化中固有的一部分了。它不只发生在家庭以外的场合中，甚至发生于父母与子女，或主人与客人之间，甚至还会发生在两个男人和两个女人的身上。

有一件事，我们必须在性与非性的关系中，经常分清楚，就是它并非是客观的。人们从一开始起，就必须确定自己的身份，如果你忘了自己的身份，做得太过火了的话，必定会引起对方的误解。

谢弗林博士说，有些心理治疗专家能够很理性地对病人使用这种“调情”治疗法。一个对什么都引不起兴趣的忧郁型病人，可能由于心理治疗医生利用恋爱肢体语言发出来的性感挑逗，而开口跟他坦诚地交谈。他可以用装饰自己的样子，调整一下领带，拉拉短袜或弄弄头发，用以向病人传达他对性的兴趣；不过，他一定也要同时让对方明白他的非性对象的地位。

谢弗林博士还提到了这样一件事。有一家人，祖母、父亲、母亲、女儿一起去看心理治疗医生。当医生和祖母或女儿谈话时，坐在她们中间的母亲就用恋爱肢体语言发出性的信号。这样一来，她就可以把治疗医生的注意力拉回到她的身上。有许多女人当别人的注意力不集中在她的身上时，常会使用出这种调情引诱的手法。她会绷起面孔，交叉两腿，然后再把交叉着的腿尽量伸直，而把手按在臀部上，身体向前倾出。

当医生无意识地以整理领带和头发，向前倾身，做出"请再进一步"的反应时，分坐在母亲两旁的女儿和祖母，就会交叉起她们的腿，然后从两旁把交叉着的腿伸到母亲面前。她们的这种"把她包起来"的做法，事实上能够阻止那个母亲进一步发出性的信号，并使她退缩回去。

更有趣的是，祖母和女儿所做出来的把她"包起来"的动作，经常是接收到了父亲的信号后才进行的。父亲所发出的信号的表示方法是，上下摇动着他那交叉架起的二郎腿。

心理治疗专家、女人们和父亲，虽然各自做出了这些动作，然而却一个人也没有意识到他们自己所发出的信号的含义。

经过对性和非性行为的仔细研究，谢弗林博士最终下了一个结论：这种情形一般都发生在两个人之中，有一个人占了优先地位，或者有一个人为了某种理由把注意力转移到他处之时。要是在一个团体中，如家庭、生意上的聚会，或者在课堂上，当一个人被旁人忽视或排斥之时，也会发生这种情形。这个被排斥的人，会以一种性感的"整饰"姿态，再走回到团体中去。要是团体中的一个人脱离这个团体时，其他团体也会用同样的方法拉他入伙。

最重要的是我们必须知道这些信号，了解它们的某些限制和使用它的资格，以分别真正的性的鼓励和非性的信号。谢弗林博士认为，这两者是很容易被混淆的。事实上，当真有些人对于这些性信号的收发，以及他们自己应该所处的身份。经常搞得不分明。

还有些人由于心理上的原因，不能做性的会晤，却仍做出一副性感的姿态，尤其是在他们不应该做出这种姿态时，反而表现得更为激烈。

这些人不但撩起了性的鼓励，还自以为他的行为起了有效的作用，而更加自作多情起来。这就是我们在生活中所看到的典型的“自找麻烦”的人，就像一个少女，总以为自己有多么的性感，别人都在打她的主意一样。由此可见，搞不清这两种性的语言的人，通常在非性的情况下，会一筹莫展并且退缩。

我们如何去学会在这类情况下使用恋爱肢体语言，我们如何才能得到正确的解释呢？明确的否认和表明资格地位，可以使得有性意思的鼓励变成非性的关系，这些情况要怎么样正确地学，实在很难说得清楚，真有点“只可意会而不可言传”的味道。有些可能是别人教会你的，有些则来自传统的文化。不管是什么原因，要是一个人跟他所处的社会脱了节，或者没有人教过他这些信号的真正的解释的话，他就将面对许多麻烦。

那么，你也许要说了，既然没有性意味的性语言使用得不适当，就会引出无数的麻烦，那么，人们干脆就不使用这种特殊的语言，不就万事大吉了吗？其实不然，这种没有性意味的性语言，对人们的生活、工作和学习，往往会起到意想不到的效果。

比如，有个男学生，上体育课时总掌握不了双杠动作的要领，体育成绩老是不及格。有一次，体育测验时，体育老师故意安排女同学来观摩他的双杠动作，没想到，他在异性眼光的鼓励下，竟然一反过去畏缩胆怯的模样，漂漂亮亮地完成了一系列规定的动作。这不能不归功于女同学们的那些没有性意识的性鼓励，在他身上创造了奇迹。

又如，当一个在战场上受了伤的战士，躺在战地医院疼痛难熬时，一个女护士的温柔的目光往往会使他的疼痛减轻不少，并鼓起了活下去的勇气。这样的例子，真是不胜枚举。

我们完全可以这样说，只要人类在这地球上存在一天，那么，肢体语言就将在这世界上存在一天，人们已经越来越离不开这种非语言沟通的方法了。

当然，肢体语言所表达的意思可以因地、因时、因人、因手段而有所变化，所以我们不仅应该仔细观察他人的姿态和行为，更应该把它们和当时所牵涉的情境连结起来分析，才能真正地了解其意义。例如，母子之间、情侣之间、同事之间，由于长时期的相处的经验、互相之间会产生某些有特别意义的姿态或动作，这类姿态和动作对于生疏的人来讲，是较难理解的，所以必须更小心地观察。

生活是试验所，你和每个人的关系都可以作为实验的材料，如果你在洞察他人的肢体语言上有所收获，就能以更开阔、更犀利的眼光来看天下，不仅你自己获益无穷，你的家人、朋友甚至对手都可共享你带来的福祉。